Birte Steinbacher

Mittelmeerküche Kochbuch

WirmachenDruck.de
Sie sparen, wir drucken!

Für Fragen und Anregungen:
info@edition-jt.de
Auflage 2024

Vorwort

Der Arbeitstag ist lang, die Termine sind zahlreich – und der nächste Urlaub scheint noch ein Weilchen auf sich warten zu lassen. Kaum ist die letzte entspannende Auszeit vorbei, kommt man im Alltag an. Doch lieber wäre einem jetzt ein kleiner erholsamer Ausflug an die Küste und die regenerativen Klänge des Meeres. Weil diese Reise ans Mittelmeer nicht immer ganz spontan eingelegt werden kann, sollen wenigstens die kulinarischen Genüsse eine Einkehr in den ganz normalen Alltagswahnsinn halten. Auf diesem Weg muss niemand in idyllischen Erinnerungen an vergangene Tage leben, sondern holt sich die frische Küche des Mittelmeers einfach zu sich nach Hause. Und da der Berufsalltag meist ziemlich vollgepackt scheint und dazu Aufgaben im Haushalt und in der Familie auf einen warten, dürfen die in diesem Rezeptbuch aufgeführten Gerichte durch eine kurze Zubereitungszeit punkten. Des Weiteren lassen sich diese Vorschläge sehr gut für eine wöchentliche Speiseplanung im Vorfeld beziehungsweise in Masse vorbereiten. Und wer an einem ganz normalen Abend einmal etwas Besonderes auf den Tisch zaubern möchte, der wird im Kochbuch der kreativen Mittelmeerrezepte ebenso einiges finden. In diesem Sinne …

Guten Appetit!

INHALT

Küstenköstlichkeiten

Fisch, Gemüse und stets einen Esslöffel Olivenöl – genau damit wird die mediterrane Küche assoziiert. Und wie Sie in diesem Rezeptbuch erfahren werden, stimmt dies auch. Doch die mediterrane Küche lockt mit so viel mehr. Betrachten wir uns das Mittelmeer, werden unterschiedliche Einflüsse aus drei verschiedenen Kontinenten offensichtlich. So treiben uns bekannte italienische und griechische Spezialitäten das Wasser im Mund zusammen. Aber auch die nordafrikanische, türkische und kroatische Kulinarik liefern geschmackvolle Beiträge zu den mediterranen Köstlichkeiten. Und wie es meist ist, vermischen sich bei einer regionalen Nachbarschaft nach gewissen Zeiträumen die Komponenten. Nachstehende Rezepte zeigen dementsprechend die Vielfalt der Mittelmeerküche. Natürlich sollen diese auch dazu anregen, aus verschiedenen Gerichten selbst neue bunte Küchenkreationen für die nächste Woche zu erschaffen. Anstatt den Fokus auf die großen Zeit verschlingenden Klassiker zu setzen, widmet sich unsere Mittelmeerküche den Genießern mit wenig Zeit und Wochen voller Termine. Der Familienvater und die Unternehmenschefin müssen zwischen all ihren Terminen aber nicht auf gesunde Ernährung verzichten – und gönnen sich gleichzeitig eine kleine Auszeit im kulinarischen Mittelmeerurlaub.

Mittelmeerküche

Der Begriff der mediterranen Küche existiert noch gar nicht so lang. Erst 1950 im Buch „A Book of Mediterranean Food“ beschrieb Elizabeth David grundsätzliche Verbindungen der nationalen Küchen verschiedener Anrainerstaaten rund um das Mittelmeer. Wie bereits in der Einleitung erwähnt, scheint die Gemeinsamkeit der französischen und der ägyptischen Küche jedoch gar nicht so groß. Und daher kann der grundsätzliche Tenor gesetzt werden: Die Mittelmeerküche verbindet lokale Getreideanbauprodukte mit saisonaler Gemüsezubereitung und frischen Kräutern – und Oliven natürlich! Tatsächlich ist Olivenöl das Paradeprodukt der mediterranen Küche. Und nahezu überall werden Brote zu Speisen gereicht – wenn einmal kein Reis oder Pasta in Verwendung sind.

Was die Zubereitung in kürzester Zeit begünstigt, sind die klein geschnittenen Zutaten. Gerade die Zubereitung von Gemüse profitiert durch ein kleinformatiges Zuschneiden zu Würfeln. Beim Vorkochen wird ebenso schnell klar: Das Garen im eigenen Saft schenkt puren Geschmack. Und das Verdampfen des zugeschütteten Wassers transportiert die Inhaltsstoffe direkt in jeden Winkel der Pfanne. Das Einkochen selbst reduziert die Mengen und verdichtet somit die Geschmacksintensität – genau deshalb sind wir vom mediterranen Essen so fasziniert, es schmeckt so voller Energie und Frische.

Und diese Urlaubsleichtigkeit, die frische Brise auf dem Teller und die neue Energie für den Berufsalltag lässt sich spielend einfach auch ohne Auszeit in einem anderen Land sichern – jeden Tag in der Woche. Damit die vollgepackten Tage aber nicht noch durch stete Küchenauszeiten ausgezehrt werden, empfiehlt sich Meal Prep der mediterranen Küche. So verfügen Sie täglich über gesunde Mahlzeiten bei wenig Zeitaufwand. Und diese Methode schenkt Ihnen eine auf Ihre Bedürfnisse sowie das vorhandene Zeitfenster orientierte Essensplanung.

MEAL PREP

Fehlt die Zeit, um jeden Tag zeitintensive Mahlzeiten für sich selbst oder die Familie zuzubereiten, muss noch lange nicht auf frische und gesunde Kost verzichtet werden. In diesen Situationen spielt Meal Prep eine mögliche Lösung für ein alltägliches Problem vieler Menschen bei dem Versuch des Einklangs von Familien- und Berufsleben. Denn hierbei handelt es sich um eine sehr effiziente und damit effektive Variante des Vorkochens gewünschter Speisen – Meal Preparation heißt schließlich auch Mahlzeiten Vorbereitung. Doch damit nicht genug, dreht sich beim Meal Prep alles um einen inhaltlichen Speiseplan. So lassen sich viele wiederkehrende Arbeitsschritte zeitsparend auf einmal umsetzen. Beispielsweise müssen Kartoffeln und Möhren nicht jeden Tag aufs Neue geschnitten werden. Stattdessen werden gleich die Mengen von drei Gerichten auf einmal verarbeitet. In der Folge bereiten die (Laien-) Köche aus den Einzelkomponenten Rationen für die kommenden Tage vor. Wer die Speisezubereitung für eine Woche an nur einem oder zwei Tagen absolviert, hat einfach mehr Zeit für sich und seine Liebsten an den restlichen Tagen. Meal Prep schenkt dem Interessierten einige Vorteile:

Geldersparnis – Erstens werden mit einer Planung wirklich nur Ausgaben für benötigte Zutaten getätigt. Anderenfalls profitieren die Käufer von günstigeren Preisen bei Mengenangeboten. Der über die Zeit betrachtet kostspielige tägliche Gang zur Mittagsverpflegung beim Bäcker, ins Restaurant in der Innenstadt oder der Anruf beim Lieferdienst sind nicht mehr nötig – das schützt Sie auch vor schädlichen Transfettsäuren von Industrieprodukten.

Zeitersparnis – Stehen Sie lieber einmal etwas länger in der Küche oder möchten Sie jeden Tag 1 Stunde in der Küche verbringen? Gerade für den vollen Arbeitstag oder ein kleines Zeitfenster eignen sich die vorbereiteten Gerichte perfekt.

Des Weiteren profitieren die Genießer dieser Küchenplanung von eigens frisch zubereiteten Nahrungsmitteln. Sie wissen, was in Ihrem Essen drinsteckt, und spüren die Power beim Verzehr. Für den alltäglichen Genuss in Vorbereitung – auch für mehrere Personen in WGs oder im Familienhaushalt – eignen sich einige spezielle Mahlzeiten:

- Aufläufe
- Eintöpfe / Suppen
- Gebratener Reis
- Gemüsepfannen
- One-Pot-Gerichte
- Salate
- Pastagerichte (unterschiedliche Soßen)
- Wraps (verschiedene Füllungen)

Für richtig Power und die allumfassende Grundversorgung sorgen hierbei einige klassische Zutaten:

- Fleisch / Fisch (Bacon, Garnelen, gebratener Fisch, Hähnchenbrust, Putenbrust, Schnitzel)
- Gemüse (Blumenkohl, Möhren, Paprika, Tomaten, Zucchini, Zuckerschoten)
- Hülsenfrüchte (Bohnen, Erbsen, Kichererbsen, Linsen, Mais)
- Milchprodukte (Eier, Joghurt, Käse)
- Obst (Apfel, Avocado, Beeren, Trauben)
- Pilze
- Sattmacher (Couscous, Kartoffeln, Nudeln, Quinoa, Reis)
- Toppings (Kerne, Nüsse, Oliven, Saaten, Trockenfrüchte)

Tipp: Studentenfutter ist universell einsetzbar. Es empfiehlt sich als kleiner Power-Kick-off für zwischendurch. Zusätzlich passt es als wundervolles Topping zu vielen Gerichten. Und klein gehackt gibt es so manche Eiweiß- und gesunde Fettgrundlage für eine Pasta oder einen Auflauf.

WIE SETZE ICH MEAL PREP UM?

Speiseplan schreiben:

1. Meal-Prep-Tage setzen (Wann wird es zubereitet?)
2. Maximal zweimal Einkaufen pro Woche
3. Lagerung in Lunchboxen, Vorratsgläsern und Co.

Damit ist gesundes und nahrhaftes Essen für jedermann stets griffbereit!

Tipp: Wer für mehr als 3 Tage vorkocht, sollte Gerichte zum Einfrieren wählen. Suppen, Eintöpfe und Currys sind perfekt dafür geeignet. Aber auch bereits zubereitete Fleischspeisen wie Bifteki und Gurkenkuchen eignen sich dazu. Lasagne, Quiche und Pizza sind natürlich auch für solch eine Lagerung prädestiniert.

Leichte Snacks für zwischendurch

Manchmal bedarf es keiner großen Mahlzeit, sondern nur eines schnellen Energielieferanten. Die kleinen Snacks schaffen kurzfristig Gaumenfreude – und sind natürlich in kurzer Zeit auch im Vorfeld umsetzbar. Auf wundervolle Art und Weise eignen sich einige Vorschläge auch als Zugabe für andere Vorschläge in diesem Rezeptbuch.

SPECKAUBERGINEN

2 Pers. | 15 Min. | Leicht

Zutaten

6 Speckscheiben
3 Tomaten
1 Aubergine
1 Knoblauchzehe
½ Bund Petersilie
2 EL Olivenöl
1 Prise Zucker
1 Prise Meersalz
1 Prise frisch gemahlener schwarzer Pfeffer

Küchenutensilien

2 Schüsseln
1 Küchenpinsel
1 Ofengitter
Backofen

Nährwerte

389 kcal
9 g Kohlenhydrate
37 g Fett
7 g Eiweiß

1 Petersilie waschen, trocken schütteln und deren Blätter abzupfen. Knoblauch schälen und würfeln. In einer Schüssel werden diese beiden Zutaten mit 1 EL Öl zu einem Petersilienöl vermischt.

2 Backofen auf 160 °C aufheizen. Derweil wird die Aubergine geputzt sowie zu Scheiben geschnitten. Sie wird mit dem übrigen 1 EL Olivenöl beidseitig eingepinselt. Aubergine auf das Ofengitter legen. Sie braten in 8 - 10 Minuten knusprig und sollten zwischendurch gewendet werden. Die Scheiben sollen nicht schwarz werden.

3 Tomaten waschen, vierteln und Blütenansatz wie wässriges Innere herausschneiden. In der zweiten Schüssel werden Salz, Pfeffer, Zucker und Petersilienöl miteinander vermengt. Darin marinieren die Tomaten etwa 5 - 8 Minuten.

4 Speck abtupfen und entsprechend den Auberginenscheiben zurechtschneiden. Tomaten auf dem Teller anrichten. Zwischen die Auberginen eine Speckschicht legen und alles für zwei Portionen stapeln. Der Speck sollte leicht schmelzen. Ein wenig Öl daraufträufeln.

KRÄUTERTALER

1 Pers.

20 Min. + 20 Min. Backzeit

Leicht

Zutaten

300 g getrocknete Tomaten (in Öl, etwa 2 Packungen)
200 g Käse (bspw. Feta)
200 g Dinkelvollkornmehl
100 g Röstzwiebeln
250 ml Milch
1 Beutel Weinsteinbackpulver
1 Lauchstange
1 Bund italienische Kräuter
1 Prise Pfeffer

Küchenutensilien

1 Schüssel
1 Backbleche
Backofen

Nährwerte

99 kcal
11 g Kohlenhydrate
4 g Fett
6 g Eiweiß

1 Die Tomaten tropfen ab und werden folglich fein gewürfelt. Lauch putzen und ebenso fein würfeln. Käse fein reiben. Kräuter waschen, trocken schütteln und fein hacken.

2 In einer Schüssel werden sämtliche Zutaten zu einem klebrigen Teig vermischt. Dieser ruht circa 10 Minuten.

3 Backofen auf 180 °C Ober- / Unterhitze einstellen und die Bleche mit Backpapier auslegen. Aus dem Teig werden kleine Kugeln geformt. Diese platt drücken und mit etwas Platz auf dem Backblech verteilen. Sie backen nun circa 20 Minuten.

Tipp: Diese Taler eignen sich für unterschiedliche Geschmäcker. Hierbei dürfen saisonale Kräuter, aber auch Obst und Gemüse Verwendung finden.

BRUSCHETTA

6 Pers. 30 Min. Leicht

Zutaten

1 kg (Strauch-) Tomaten
4 Knoblauchzehen
3 Zwiebeln
1 Ciabatta
1 Bund Basilikum
4 EL Olivenöl
2 EL Aceto balsamico
1 Prise Meersalz
1 Prise frisch gemahlener Pfeffer

Küchenutensilien

1 Schüssel
1 Knoblauchpresse
1 Backblech
Backofen

Nährwerte

156 kcal
12 g Kohlenhydrate
11 g Fett
3 g Eiweiß

1 Tomaten waschen, den Blütenansatz herauslösen und das Tomatenfleisch klein würfeln. Zwiebel schälen sowie zu feinen Würfeln verarbeiten. In einer Schüssel werden beide Zutaten vermischt.

2 Nun werden 3 Knoblauchzehen durch eine Presse in die Schüssel gepresst. Alles mit Salz und Pfeffer würzen. Nach 5 Minuten Ziehen werden 3 EL Öl untergemischt.

3 Backofen auf 200 °C Ober- / Unterhitze einstellen. Das Brot wird zu dicken Scheiben geschnitten. Ein paar Tropfen Olivenöl landen auf den Brotscheiben. Die letzte Knoblauchzehe schälen und zu dicken Scheiben schneiden. Damit werden die Brote eingerieben. Auf dem Backblech wärmen die Ciabattastücke in circa 6 - 8 Minuten schön kross.

4 Basilikum waschen, trocken schütteln und grob hacken. Er landet in der Tomatenschüssel. Damit werden die Brote belegt. On top kommt etwas Aceto balsamico auf jede Scheibe.

Tipp: Bruschetta eignet sich auch als überbackener Snack. Dazu wird die Tomatenmischung bereits auf das Brot gegeben, bevor es im Ofen landet. Zusätzlich werden die Scheiben mit 2 Mozzarellascheiben bedeckt. Der Käse zerfließt im Ofen.

MINZIGE ARTISCHOCKEN

4 Pers. | 15 Min. | Leicht

Zutaten

320 g Artischockenherzen
1 Knoblauchzehe
½ Zitrone
4 EL Olivenöl
1 EL frisch gehackte Minze
½ TL Zucker
1 Prise Salz
1 Prise frisch gemahlener schwarzer Pfeffer

Küchenutensilien

1 Reibe
1 Pfanne
1 Knoblauchpresse
1 Schüssel
Küchenpapier

Nährwerte

116 kcal
2 g Kohlenhydrate
12 g Fett
2 g Eiweiß

1 Als Erstes tropfen die Artischocken auf dem Küchenpapier ab. Sie werden halbiert. Zitrone heiß abspülen und von einer Hälfte Schalenabrieb erzeugen. Eine halbe Zitrone wird nun ausgepresst.

2 In einer Pfanne braten die Artischocken in 2 EL heißem Öl für 3 - 5 Minuten leicht bräunlich an. Jetzt wird der Knoblauch in die Pfanne gepresst. Das Ganze mit Zucker, Schalenabrieb und Minze veredeln. Alles gut mischen und weitere 2 Minuten garen.

3 In einer Schüssel werden das übrige Öl mit etwa 2 EL Zitronensaft vermischt. Die Flüssigkeit landet in der noch warmen Pfanne und wird erwärmt. Warm wird es als Dressing über die Artischocken geträufelt. Das Ganze mit etwas Salz und Pfeffer bestreuen.

Tipp: Wie Tapas darf dieser Snack warm genossen werden. Er schmeckt ebenfalls köstlich, wenn er ein paar Stunden kühlt und dabei durchzieht.

SAGANAKI

4 Pers. | 15 Min. | Leicht

Zutaten

400 g Schafskäse
50 g Vollkornmehl
3 Knoblauchzehen
1 Ei
1 Eigelb
3 EL Pflanzenöl
2 EL frisch gehackte Kräuter
1 TL Salz
1 TL frisch gemahlener Pfeffer

Küchenutensilien

2 Schüsseln
1 Knoblauchpresse
1 Quirl
1 Pfanne

Nährwerte

487 kcal
25 g Kohlenhydrate
33 g Fett
23 g Eiweiß

1 Schafskäse zu 8 Scheiben schneiden. Knoblauch schälen und auspressen. Damit werden die Käsestücke eingerieben. In einer Schüssel Salz, Pfeffer und Kräuter mischen. Der Schafskäse wird darin gewälzt.

2 Jetzt landet der Käse in einer Schüssel mit Mehl. Folglich wird er im verquirlten Mix aus Ei und Eigelb gewendet. Die Snacks braten im heißen Öl in einer Pfanne goldbraun.

CHURROS

10 Stk. 20 Min. Leicht

Zutaten

200 g Vollkornmehl
70 g Butter
250 ml Wasser
4 Eier
2 EL Pflanzenöl
1 EL Zucker
5 TL Schokoladensoße
1 TL Brandy
1 Prise Salz

Küchenutensilien

1 Topf
1 Schüssel
1 Spritzbeutel
1 Pfanne
Küchenpapier

Nährwerte

190 kcal
15 g Kohlenhydrate
12 g Fett
5 g Eiweiß

1 In einem Topf wird die Butter geschmolzen. Das Wasser angießen und Salz einstreuen. Unter Umrühren kocht das Ganze auf.

2 Mehl hinzugeben und verrühren. Unter ständigem Umrühren sollte sich ein glatter Teig entwickeln, der sich vom Topfboden löst.

3 In einer Schüssel werden nacheinander die Eier dem Teig untergerührt und der Brandy angegossen. Der Teig wird nun in einen Spritzbeutel gefüllt.

4 In einer Pfanne erhitzt das Öl. Mittels Spritzbeutel werden etwa 15 cm lange Teigstränge in der Pfanne ausgeformt. Sie backen goldgelb aus und tropfen auf dem Küchenpapier ab. Die Churros mit Schokoladensoße und Zucker bestreuen sowie warm servieren.

EMPANADAS

20 Stk. | 20 Min. + 25 Min. Backzeit | Leicht

Zutaten

300 g gemischtes Hackfleisch
250 g Vollkornmehl
150 g Champignons
50 g Rosinen
150 ml Wasser
1 Zwiebel
1 Knoblauchzehe
1 Ei
1 Eigelb
6 EL Olivenöl
3 EL Pinienkerne
2 EL Milch
1 TL Backpulver
½ TL Salz
1 Prise Salz
1 Prise Pfeffer
1 Prise gemahlener Kreuzkümmel

Küchenutensilien

2 Schüsseln
1 Pfanne
1 Kreisausstecher (etwa 18 - 20 cm Durchmesser)
Backofen

Nährwerte

118 kcal
10 g Kohlenhydrate
7 g Fett
5 g Eiweiß

1 In einer Schüssel werden Mehl und Backpulver vermischt. 4 EL Öl, Salz und den Sherry angießen. Jetzt wird mit dem Wasser aufgefüllt und ein homogener Teig verknetet.

2 Zwiebel und Knoblauch schälen sowie fein hacken. Beides brät in 1 EL Öl in einer Pfanne weich. Pilze vorsichtig putzen und klein schneiden. Sie landen in der Pfanne. Alles köchelt, bis die Flüssigkeit verdampft ist.

3 Hackfleisch, Rosinen und grob gehackte Pinienkerne werden derweil in der zweiten Schüssel vermengt. Das Ei dahinein aufschlagen und das Ganze mit Salz, Pfeffer und Kreuzkümmel gut mischen. Anschließend wird die Zwiebel-Pilz-Pfanne darin beigemengt.

4 Backofen auf 200 °C Ober- / Unterhitze aufheizen. Den Teig ausrollen und mit Kreisausstechern kleine Fladen erzeugen. Mittig landet 1 EL Füllung auf ihnen. Den Teig zu einer Art Halbmond einklappen und mit einer Gabel fest andrücken.

5 In der gesäuberten Schüssel werden nun Milch und das Eigelb verrührt. Damit werden die Empanadas eingepinselt. Sie backen in circa 25 Minuten goldgelb.

BIFTEKI

4 Pers. | 25 Min. | Leicht

Zutaten

400 g Rinderhack
200 g Schafskäse
50 ml Wasser
2 Eier
1 altes Brötchen
1 Bund Petersilie
1 Zwiebel
2 EL Olivenöl
1 TL gemahlener Kreuzkümmel
1 TL gemahlener Piment
1 TL frisch gehackter Oregano
1 Prise Salz
1 Prise frisch gemahlener schwarzer Pfeffer

Küchenutensilien

2 Schüsseln
1 Pfanne
Alufolie

Nährwerte

567 kcal
11 g Kohlenhydrate
45 g Fett
33 g Eiweiß

1 Zwiebel schälen und zu kleinen Würfeln schneiden. Sie schwitzen in einer Pfanne in 1 EL Öl an.

2 Petersilie waschen, trocken schütteln und anschließend fein hacken. Brötchen zerreißen und in einer Schüssel mit dem Wasser einweichen. Den Käse reiben.

3 Bis auf den Schafskäse werden alle Zutaten in der zweiten Schüssel gut vermischt. Daraus wird ein Laib geformt. Auf der mit Alufolie ausgelegten Küchenplatte wird die Masse etwas geplättet.

4 Mittig auf der Fleischmasse wird die Hälfte des Schafskäses aufgestreut. Mithilfe der Folie wird das Fleisch zusammengerollt. Die Enden werden zusammengedrückt.

5 Bifteki aus der Folie nehmen und in der Pfanne im restlichen Öl rundherum in 6 – 8 Minuten braten.

PIZZABROT

4 Brotfladen | 20 Min. + 1 Std., 10 Min. Ruhezeit | Leicht

Zutaten

500 g Vollkornmehl
4 g Frischhefe
250 ml Wasser
8 EL Olivenöl
½ EL Salz
6 TL getrockneter Kräutermix (mediterran oder einzeln Rosmarin, Basilikum, Oregano, Majoran, Bohnenkraut, Salbei)
2 TL Meersalz
½ TL Zucker

Küchenutensilien

1 Schüssel
1 Handrührgerät
1 Ofengitter
Backofen

Nährwerte

538 kcal
60 g Kohlenhydrate
26 g Fett
11 g Eiweiß

1 In einer Schüssel werden Mehl, Hefe und 1 TL Salz mit dem Zucker vermischt. Wasser und 2 EL Öl dazugeben und alles zu einem homogenen Teig verkneten. Er zieht etwa 1 Stunde an einem warmen Standort.

2 Den Teig in 4 Portionen zu je 125 g breit ziehen. Nach 10 Minuten Ruhezeit wird er mit der Gabel mehrmals flächendeckend eingestochen. Jetzt wird der Pizzateigling mit dem restlichen Öl bestrichen und Kräutern bestreut. Abschließend landet das Meersalz auf dem Teig.

3 Backofen auf 220 °C Ober- / Unterhitze einstellen. Das Pizzabrot backt nun circa 10 Minuten. Das Brot darf nicht zu dunkel werden.

Tipp: Diese Grundlage verschiedener Snacks ist gut auf Vorrat zuzubereiten. Selbst der rohe Teig hält sich etwa 1 Woche im Kühlschrank. Er bietet die Grundlage für unterschiedliche Snacks. So landen Gemüseaufstriche, Salate oder andere Brotbeläge darauf.

CASSIS-FEIGEN

4 Pers. | 20 Min. | Leicht

Zutaten

250 g schwarze Johannisbeeren
50 g Zucker
5 cl Cassis-Likör
18 Feigen
Schalenabrieb ½ Orange
1 Prise Zimt

Küchenutensilien

1 Topf
1 Stabmixer

Nährwerte

155 kcal
33 g Kohlenhydrate
1 g Fett
2 g Eiweiß

1 Johannisbeeren von den Rispen trennen und anschließend waschen. In einem Topf kochen diese mit dem Zucker und dem Likör auf.

2 Topfinhalt mit einem Stabmixer pürieren. Orangenschalenabrieb und Zimt hinzufügen.

3 Feigen waschen sowie zu Vierteln schneiden. Sie landen im süßen Topf und ziehen etwa 6 bis 8 Minuten.

FLORENTINER

30 Stk. 20 Min. Leicht

Zutaten

200 g Butter
175 g Zucker
125 g Mandelblättchen
100 g Weizenvollkornmehl
60 g süße Sahne
50 g Zitronat
50 g Orangeat
2 EL Honig

Küchenutensilien

1 Topf
1 Sieb
1 Backblech
Backofen

Nährwerte

129 kcal
12 g Kohlenhydrate
9 g Fett
2 g Eiweiß

1 Backofen auf 200 °C Ober- / Unterhitze einstellen. Derweil kochen Honig, Butter und Zucker in einem Topf auf. Sahne hinzugeben und alles etwas einköcheln.

2 Orangeat sowie Zitronat fein hacken. Sie landen mit den Mandelblättchen in der Masse.

3 Durch ein Sieb wird nach und nach das Mehl dem Teig zugeführt. Es wird vorsichtig eingerührt.

4 Jetzt wird der Teig auf einem Blech verstrichen. Er backt circa 10 Minuten auf der mittleren Schiene. Erkaltet lässt er sich perfekt in Bruchstücke teilen.

ALBONDIGAS

4 Pers. | 30 Min. | Leicht

Zutaten

600 g Hackfleisch
500 g passierte Tomaten
4 Schalotten
2 Knoblauchzehen
2 Eier
1 rote Paprika
½ Bund Petersilie
4 EL Weizenvollkornmehl
3 EL Olivenöl
2 EL Tomatenmark
1 TL Fenchelsamen
2 Prisen Meersalz
2 Prisen frisch gemahlener schwarzer Pfeffer

Küchenutensilien

1 Schüssel
1 Pfanne
1 Topf
1 Stabmixer
Mörser & Stößel

Nährwerte

378 kcal
15 g Kohlenhydrate
23 g Fett
28 g Eiweiß

1 Schalotten schälen sowie zu feinen Würfeln schneiden. Knoblauch schälen und fein hacken. Im Mörser werden folglich die Fenchelsamen zerkleinert.

2 In einer großen Schüssel werden Fleisch, Knoblauch und Zwiebel sowie Fenchel vermischt. Mehl und die aufgeschlagenen Eier unterrühren und alles mit je 1 Prise salzen und pfeffern. Aus dieser Fleischmasse werden nun kleine Bälle geformt.

3 Die Albondigas braten in einer Pfanne mit dem erhitzten Öl unter mittlerer Hitze circa 8 bis 10 Minuten.

4 Derweil kochen Tomaten und das Tomatenmark in einem Topf auf. Paprika putzen, halbieren und deren Kerne herauslösen. Sie wird zu kleinen Würfeln geschnitten. Nach etwa 5 Minuten Einköcheln landen die Paprikawürfel im Tomatentopf.

5 Petersilie waschen, trocken schütteln und deren abgezupfte Blätter fein hacken. Nach weiteren 10 Minuten Garzeit wird die Tomatensoße mit einem Stabmixer püriert. Die Fleischbällchen dazugeben und alles gut mischen. Jetzt wird mit dem restlichen Salz und Pfeffer gewürzt. Final wird die Petersilie aufgestreut.

TOMATENBROT

4 Pers. 20 Min. Leicht

Zutaten

400 g Kirschtomaten
100 g Manchego (oder Pecorino oder anderer Hartkäse)
100 g Chorizo
4 Knoblauchzehen
1 Ciabatta
3 EL Olivenöl
1 EL Rotweinessig
1 Prise Salz
1 Prise Pfeffer

Küchenutensilien

1 Pfanne
1 Standmixer
1 Reibe
Backofen

Nährwerte

507 kcal
36 g Kohlenhydrate
32 g Fett
20 g Eiweiß

1 Backofen auf 180 °C Ober- / Unterhitze aufheizen. Die Wurst zu Scheiben schneiden. Knoblauch schälen und zu dünnen Scheiben verarbeiten.

2 In einer Pfanne brät beides circa 5 - 6 Minuten in 1 EL heißem Öl goldbraun an. Das Baguette wird der Länge nach halbiert und backt im Ofen kurz auf.

3 Tomaten waschen. Die Hälfte landet mit 2 EL Öl und 1 EL Essig in einem Standmixer und wird püriert. Das Mus wird mit je 1 Prise Salz und Pfeffer gewürzt. Die restlichen Tomaten vierteln.

4 Die Ciabattahälften zu gleichen Teilen trennen. Sie werden mit Tomatencreme bestrichen und mit übrigen Tomaten und der Knoblauch-Wurst-Mischung belegt.

5 Käse grob reiben. Entweder er wird in ein wenig Restöl in der Pfanne geschmolzen und über die Brotabschnitte gegeben oder das ganze Baguette landet noch einmal für 1 - 2 Minuten unter der Grillstufe im Ofen.

MITTELMEERSANDWICH

2 Pers. 20 Min. Leicht

Zutaten

8 schwarze Oliven (entsteint)
2 Hähnchenbrüste
1 Baguette
1 gegrillte rote Paprika (in Lake)
2 EL Pesto
½ EL Olivenöl
1 Prise Meersalz
1 Prise frisch geriebener schwarzer Pfeffer

Küchenutensilien

1 Pfanne
1 Sieb

1 Fleisch abspülen, trocken tupfen und auf der Küchenplatte liegend horizontal halbieren. Die Hähnchenbrüste mit je 1 Prise Salz und Pfeffer einreiben. Das Fleisch brät folglich unter mehrmaligem Wenden 15 Minuten in ½ EL Öl in einer Pfanne goldbraun an.

2 Baguette halbieren. Es brät ein wenig in der Pfanne mit der Schnittkante nach unten. So saugt es ein wenig Bratsatz auf.

3 Derweil tropft die Paprika in einem Sieb ab und wird folglich zu Streifen geschnitten. Oliven klein schneiden. Beides landet kurz mit in der Pfanne.

4 Die untere Hälfte des Brotes wird großzügig mit Pesto bestrichen. Jetzt finden Fleischstücke und der Gemüsemix ihren Platz darauf. Die Brotoberseite auflegen, fest andrücken und das Baguette teilen.

Nährwerte

610 kcal
58 g Kohlenhydrate
23 g Fett
42 g Eiweiß

Tipp: Ganz klassisch bleibt das traditionelle Sandwich Italiano der Hit – dafür Pesto oder Butter auf die krossen Baguettes schmieren. Tomaten- und Mozzarellascheiben abwechselnd teilweise übereinanderlegen. Das Ganze mit einer Spur dunklem Aceto balsamico beträufeln und frische Basilikumblätter obenauf legen.

ROTE-BETE-BÄLLCHEN

1 Pers. 15 Min. Leicht

Zutaten

150 g Knäckebrot (oder Filinchen)
100 ml Rote-Bete-Saft
1 bunter Kräuterbund
1 Prise Salz
1 Prise Pfeffer

Küchenutensilien

1 Schüssel
(1 Standmixer)

Nährwerte

502 kcal
95 g Kohlenhydrate
3 g Fett
18 g Eiweiß

1 Kräuter waschen, trocken schütteln und fein hacken.

2 Das Knäckebrot wird fein zerstoßen oder in einem Standmixer zermahlen.

3 In einer Schüssel wird das Mehl mit den Kräutern gemischt. Den Saft nach und nach angießen, bis eine leicht klebrige Konsistenz vorherrscht.

Tipp: Wer mag, darf die Bälle auch gern noch für 5 - 6 Minuten in den Backofen bei 160 °C Ober- / Unterhitze legen. Sie passen super zu Suppen oder als Snack zwischendurch.

GURKENKUCHEN

4 Pers. | 25 Min. | Mittel

Zutaten

300 g griechischer Joghurt
75 g Vollkornmehl
2 Salatgurken
1 Zitrone
10 EL Olivenöl
2 EL Wasser
½ TL Backpulver
1 TL Meersalz
2 Prisen schwarzer Pfeffer

Küchenutensilien

2 Schüsseln
1 Reibe
1 Pfanne
Küchenpapier

Nährwerte

260 kcal
22 g Kohlenhydrate
15 g Fett
10 g Eiweiß

1 Gurken putzen und mittels Reibe in eine Schüssel klein raspeln. Das Ganze mit ½ TL Meersalz bestreuen. Sie ziehen jetzt etwa 10 Minuten. Es gilt anschließend, so viel Flüssigkeit wie möglich auszudrücken.

2 Derweil werden in der zweiten Schüssel Mehl und Backpulver vermischt. Nun landen 100 g Joghurt, je 1 Prise Salz sowie Pfeffer und das Wasser hier drin. Alles gut mischen. Zitrone heiß abspülen und von der Hälfte Zitronenschalenabrieb erzeugen. Dieser wird mit der Hälfte der Gurken in der Schüssel zu einem glatten Teig vermengt.

3 Eine Pfanne mit dem Öl füllen und dieses auf Temperatur bringen. Mit einem Löffel werden 8 Teigkleckse in der Pfanne verteilt – notfalls in Rationen. Die Gurkenkuchen braten in circa 4 - 5 Minuten goldbraun an. Sie tropfen anschließend auf dem Küchenpapier ab.

4 In der gesäuberten Schüssel werden der übrige Joghurt mit den restlichen Gurken vermischt. Nun wird auch von der zweiten Zitronenhälfte Schalenabrieb erzeugt und darin vermengt. Die zweite Zitronenhälfte wird zudem in die Schüssel ausgepresst. Alles mit je 1 Prise Salz und Pfeffer abschmecken. Der frische Zaziki wird zu den Küchlein gereicht.

Tipp: Wird glutenfreies Mehl verwendet, wird der Teig um einiges fluffiger.

GEFÜLLTE CHAMPIGNONS

4 Pers. 25 Min. Leicht

Zutaten

150 g Schafskäse
8 Champignons (möglichst groß)
2 Tomaten (möglichst festfleischig)
1 Knoblauchzehe
2 EL Olivenöl
1 EL getrocknete mediterrane Kräuter (bspw. Pizzakräutermix)
1 Prise Salz
1 Prise Pfeffer

Küchenutensilien

1 Auflaufform
1 Schüssel
Backofen

Nährwerte

168 kcal
3 g Kohlenhydrate
13 g Fett
10 g Eiweiß

1 Pilze vorsichtig putzen, deren Stiele lösen und diese aufbewahren. Die Pilzköpfe werden mit Öl eingepinselt. In einer Auflaufform finden sie ihren Platz.

2 Backofen auf 180 °C Grillstufe einstellen. Tomaten waschen, deren Blütenansatz herausschneiden und das Tomatenfleisch grob hacken. Pilzstiele sowie Feta ebenso grob stückeln. Knoblauch schälen und fein hacken. Mit Salz, Pfeffer und Kräutermix werden die vorbereiteten Zutaten aus diesem Schritt in einer Schüssel vermengt.

3 Die Champignons füllen. Sie backen in etwa 10 Minuten goldbraun.

ZUCCHINI-TARTE

1 Tarte | 30 Min. | Leicht

Zutaten

70 g Salami
50 g Feta
50 g Crème fraîche
1 Packung Blätterteig (TK)
1 Zucchino
1 EL getrocknete Kräuter der Provence
1 Prise Salz
1 Prise Pfeffer

Küchenutensilien

1 runde Ofenform (etwa 24 cm Durchmesser)
Backofen

1 Die runde Ofenform mit etwas Fett einstreichen. Den aufgetauten Blätterteig ausrollen und rund zuschneiden. Er wird in der Form verteilt. Der Rest darf gern für den Rand aufgebraucht werden.

2 Der Boden wird mit Crème fraîche bestrichen, nur am Rand sollte ausgespart werden. Folglich landen die Kräuter gut verstreut auf der Basis.

3 Zucchino putzen sowie zu dünnen Scheiben schneiden. Salami abtupfen und ebenso zu Scheiben verarbeiten. Sie werden abwechselnd überlappend rundum in der Form verteilt.

4 Backofen auf 200 °C Ober- / Unterhitze einstellen. Nun werden Salz und Pfeffer gleichmäßig darauf verteilt. Feta zerbröseln und daraufstreuen. Die Tarte backt circa 15 Minuten darin.

Nährwerte

219 kcal
10 g Kohlenhydrate
17 g Fett
9 g Eiweiß

MEDITERRANE RÜHREIER

4 Pers. 15 Min. Leicht

Zutaten

10 Eier
4 Tomaten
1 Zwiebel
1 Bund Petersilie
1 EL Olivenöl
1 TL getrockneter Oregano
1 Prise Salz
1 Prise Pfeffer

Küchenutensilien

1 Schüssel
1 Pfanne

Nährwerte

256 kcal
4 g Kohlenhydrate
21 g Fett
15 g Eiweiß

1 Zwiebel schälen und zu feinen Würfeln zurechtschneiden. Tomaten waschen, halbieren sowie deren Blütenansatz und das wässrige Innere herauslösen. Das Tomatenfleisch wird gewürfelt. Petersilie waschen, trocken schütteln und fein hacken.

2 In einer Schüssel werden die Eier verrührt sowie mit Salz, Pfeffer und Petersilie gewürzt.

3 Als Erstes dünsten nun die Zwiebeln im erhitzten Öl an. Tomate dazugeben und alles mit Oregano würzen. Wenn die Tomaten eingekocht sind, wird die Ei-Masse angegossen. Wenn der Inhalt leicht stockt, wird die Masse mit einem Holzlöffel gerührt. Dies geschieht ab und zu, bis alle glänzenden Stellen durchgegart sind. Es wird gern zu Toast oder Ciabatta gereicht.

PANIERTE KOHLROLLEN

2 Pers. | 30 Min. | Leicht

Zutaten

250 ml Wasser
4 Kohlblätter (Spitzkohl oder Weißkohl + möglichst großflächig)
4 Schinkenscheiben
2 Tomaten (getrocknet, in Öl)
1 Ei
4 EL Ricotta
2 EL Mehl
2 EL Semmelbrösel
1 EL Pflanzenöl
1 EL Pinienkerne
1 EL fein geriebener Parmesan
1 Prise Salz
1 Prise Pfeffer

Küchenutensilien

3 Teller
1 Pfanne
1 Sieb
1 Schüssel

Nährwerte

423 kcal
29 g Kohlenhydrate
18 g Fett
33 g Eiweiß

1 In einer Pfanne werden die Pinienkerne als Erstes ohne Fett aromatisch geröstet. Derweil dürfen die Tomaten in einem Sieb abtropfen.

2 Kohlblätter waschen, abtrocknen und die dicke Mittelrippe flach schneiden. Im heißen Wasser blanchieren die Blätter nur 1 - 2 Minuten. Sie werden folglich kalt abgeschreckt und tropfen im gesäuberten Sieb ab.

3 Tomaten zu kleinen Würfeln schneiden. In einer Schüssel werden sie samt Ricotta, Pinienkernen und Parmesan zu einer Creme gemischt. Sie wird mit den Gewürzen veredelt.

4 Die abgetrockneten Kohlblätter werden ein wenig größer als die Schinkenscheibe zugeschnitten. Jetzt wird der Schinken aufgelegt. Darauf wird ¼ der Creme arrangiert. Die Seiten einschlagen und das Ganze aufrollen.

5 Nun werden die drei Teller mit dem Mehl, dem verquirlten Ei sowie dem Paniermehl gefüllt. In dieser Reihenfolge werden die Kohlrollen darin gewendet.

6 Folglich braten sie im heißen Öl in der Pfanne rundherum goldbraun an. Final tropfen sie auf Küchenpapier ab.

Salate für den kleinen Hunger

Salate sind nicht nur als Einstieg in oder Ergänzung zu einem Gericht geeignet. Sie locken ebenso als komplette Mahlzeit. Gerade für unterwegs eignen sie sich perfekt, da sie meist gar nicht mehr erwärmt werden müssen – wunderbar für die schnelle Tagesverpflegung und effiziente Zubereitung im Vorfeld.

OLIVEN-WALNUSS-SALAT

1 Pers. 20 Min. Leicht

Zutaten

100 g grüne Oliven (entsteint)
50 g Walnusskerne
3 Frühlingszwiebeln
1 Bund Petersilie
3 EL Granatapfelkerne
2 EL Olivenöl
2 EL Granatapfelsirup
1 EL Zitronensaft
½ TL Chiliflocken
1 Prise Salz

Küchenutensilien

2 Schüsseln

Nährwerte

520 kcal
5 g Kohlenhydrate
58 g Fett
9 g Eiweiß

1 Oliven sowie Walnüsse grob hacken. Frühlingszwiebeln putzen und klein schneiden. Petersilie waschen, trocken schütteln und fein hacken. In einer Schüssel werden die vier Komponenten gut vermischt.

2 Bis auf die Granatapfelkerne entsteht in der zweiten Schüssel aus den restlichen Zutaten ein Dressing. Dieses wird über den Salat gegeben. Die Granatapfelkerne dienen der fruchtigen Garnierung.

FENCHELSALAT

4 Pers. | 20 Min. | Leicht

Zutaten

250 g Ziegenfrischkäse
500 ml Wasser
3 gelbfleischige Pfirsiche
1 große Fenchelknolle (oder 2 kleine)
1 Salatgurke
6 EL Olivenöl
2 EL Zitronensaft
1 Prise Salz
1 Prise Pfeffer

Küchenutensilien

2 Schüsseln
1 Topf

Nährwerte

446 kcal
16 g Kohlenhydrate
39 g Fett
7 g Eiweiß

1 In einem Topf blanchieren die Pfirsiche im heißen Wasser für maximal 30 Sekunden. Sie werden danach geschält, halbiert und vom Stein gelöst. Die daraus verarbeiteten Spalten landen in einer Schüssel.

2 Derweil entsteht in der zweiten Schüssel aus Öl, Saft sowie Salz und Pfeffer ein Dressing. 2 EL des Dressings werden in die Pfirsichschüssel gegeben. Die Früchte sollen damit gut vermischt werden.

3 Fenchel waschen, dunkle Stellen sowie die Enden herausschneiden. Die äußeren Blätter entfernen und das Fenchelgrün zur Seite legen. Die Knolle wird erst zu Scheiben, folglich zu Streifen verarbeitet.

4 Gurke waschen, schälen und zu Scheiben verarbeiten. Der Käse wird zu groben Stücken geschnitten.

5 Fenchel und Gurke mischen. Das Ganze mit dem Pfirsich und Käse bestreuen. Fenchelgrün waschen, trocknen und fein hacken. Damit wird der Salat bestreut. Final wird das Dressing on top geträufelt.

WÜRZIGER KARTOFFELSALAT

4 Pers. | 20 Min. | Leicht

Zutaten

1 kg Kartoffeln
120 g grüne Oliven (entsteint)
1 l Wasser
7 Sardellenfilets (in Öl)
1 Knoblauchzehe
1 Bund Petersilie
1 Prise Salz
5 EL Olivenöl
2 EL Kapern
1 ½ EL Sherryessig (oder Weißweinessig)
½ TL schwarzer Pfeffer (oder ½ TL Chiliflocken)

Küchenutensilien

1 Topf
1 Sieb
1 Standmixer
1 Schüssel
(1 Pfanne)

Nährwerte

435 kcal
44 g Kohlenhydrate
24 g Fett
9 g Eiweiß

1 Kartoffeln schälen. Sie kochen in leicht gesalzenem Wasser in einem Topf circa 12 - 15 Minuten.

2 Derweil tropfen die Sardellen in einem Sieb ab. Kapern abspülen und ausdrücken. Knoblauch schälen, zerdrücken und klein hacken. Petersilie waschen, trocken schütteln und fein hacken.

3 Bis auf die Petersilie und die Kartoffeln landen sämtliche andere Zutaten in einem Standmixer. Sie werden zu einer ölig-sämigen Paste püriert.

4 Folglich tropfen die Kartoffeln im Sieb ab. Sie werden anschließend zu Vierteln oder groben Stücken geschnitten. In einer Schüssel werden Kartoffeln mit der Tapenade aus dem Mixer gut vermischt. Final wird das Ganze mit der Petersilie bestreut.

Tipp: Wer es krosser mag, reduziert die Garzeit der Kartoffeln auf 8 - 10 Minuten. Mit zusätzlich 2 EL Olivenöl in einer Pfanne werden die Kartoffelstücke nun knusprig angebraten und erst danach mit der Tapenade vermengt.

LINSENSALAT

4 Pers. | 25 Min. | Leicht

Zutaten

150 g rote Linsen
300 ml Wasser
4 Stängel Basilikum
2 Stangensellerie
2 grüne Äpfel (bspw. Granny Smith)
½ Granatapfel
4 EL Olivenöl
3 EL Zitronensaft
3 EL Aceto balsamico
1 EL Honig
1 Prise Salz
1 Prise frisch gemahlener schwarzer Pfeffer

Küchenutensilien

1 Topf
1 kleine Schüssel
1 große Schüssel

Nährwerte

334 kcal
35 g Kohlenhydrate
16 g Fett
11 g Eiweiß

1 Linsen abspülen. Sie kochen im leicht gesalzenen Wasser in einem Topf für 6 – 8 Minuten bissfest. Folglich werden sie in einem Sieb mit kaltem Wasser abgeschreckt.

2 Sellerie putzen sowie zu feinen Scheiben schneiden. Äpfel waschen, halbieren und deren Kerngehäuse herausschneiden. Die Apfelhälften werden zu dünnen Spalten geschnitten. Granatapfelkerne aus der Schale entnehmen. Basilikum waschen, abtrocknen und deren Blätter abzupfen.

3 In einer kleinen Schüssel Öl, Honig sowie Zitronensaft verrühren.

4 Gemüse und Obst landen jetzt in der großen Schüssel. Die Linsen daruntermischen und die Marinade daraufträufeln. Final wird alles mit den Basilikumblättern garniert und dem Aceto beträufelt.

PARADIESSALAT

2 Pers. 15 Min. Leicht

Zutaten

120 g gemischter Salat
60 g Halloumi
2 Pitataschen
1 Salatgurke
1 Dose Pfirsichscheiben (im eigenen Saft)
1 EL Olivenöl
1 EL Rotweinessig
2 Prisen Meersalz
1 Prise frisch gemahlener schwarzer Pfeffer

Küchenutensilien

2 Schüsseln
1 Sparschäler
1 Toaster
1 Sieb
1 Pfanne
1 Kastenreibe
Küchenpapier

Nährwerte

361 kcal
40 g Kohlenhydrate
16 g Fett
16 g Eiweiß

1 Gurke putzen sowie mit einem Sparschäler zu dünnen Streifen verarbeiten. Das wässrige Innere darf für andere Gerichte verwendet werden, es wird nicht benötigt.

2 In einer Schüssel marinieren die Gurkenbänder in Salz, Pfeffer, Essig und Öl. Derweil werden die Pitataschen im Toaster geröstet. Folglich werden die Brote zu groben Streifen geschnitten.

3 Jetzt tropfen die Pfirsiche in einem Sieb ab, während der Saft in der zweiten Schüssel aufgefangen wird. Sie werden zu groben Stücken verarbeitet.

4 Folglich köcheln die Fruchtstücke mit 2 EL Saft in einer Pfanne. Sie werden mit 1 Prise Salz gewürzt und nach 3 - 5 Minuten aus der Pfanne genommen.

5 Salat waschen, trocken schütteln und mit der Gurke vermischen. Pfirsiche darüber verteilen.

6 Halloumi mittels Kastenreibe kreuz und quer reiben. Es sollten kleine Fäden entstehen, die im Idealfall zu einem Netz werden. Pfanne säubern und darin den Halloumi goldbraun anbraten. Es ist besser, den Käse in zwei Rationen zu rösten. Er wird über den Salat gegeben.

RÖSTSALAT

2 Pers. 20 Min. Leicht

Zutaten

250 g Okraschoten
250 g Kirschtomaten
4 EL Joghurt
2 EL Sesammus (Tahin)
2 EL Olivenöl
1 TL Dukkah
1 Schuss Rotweinessig

Küchenutensilien

2 Schüsseln
1 Grillpfanne

Nährwerte

340 kcal
15 g Kohlenhydrate
27 g Fett
12 g Eiweiß

1 Okraschoten putzen sowie deren Enden abschneiden. Tomaten waschen und halbieren.

2 In einer Grillpfanne brät beides bei gelegentlichem Umrühren circa 10 Minuten. Die Okras sollen anbräunen, die Tomaten ein wenig schrumpelig aufplatzen.

3 Derweil werden Tahin und Joghurt in einer Schüssel vermischt sowie gesalzen und gepfeffert.

4 In der zweiten Schüssel Gemüse mit Öl, Dukkah und Essig mischen. Sie werden auf einem Tahin-Joghurt-Bett angerichtet.

BUNTE BRISE

4 Pers. | 20 Min. | Leicht

Zutaten

2 Eiertomaten
1 rote Zwiebel
1 grüner Apfel (Granny Smith)
1 Salatgurke
1 Bund Minze
3 EL Olivenöl
2 EL Rotweinessig
1 Prise Meersalz
1 Prise frisch gemahlener schwarzer Pfeffer

Küchenutensilien

1 Schüssel

Nährwerte

132 kcal
9 g Kohlenhydrate
11 g Fett
2 g Eiweiß

1 Zwiebel schälen. Tomaten waschen, vierteln und von wässrigem Inneren befreien. Apfel waschen, vierteln und dessen Kerngehäuse entfernen. Gurke putzen, halbieren und den Flüssiganteil herausschaben. Alle Zutaten werden recht klein gewürfelt.

2 Minze waschen, trocken schütteln und deren Blätter abzupfen. Kleine Blätter werden für die Garnitur zur Seite gelegt. Die großen Blätter werden fein gehackt.

3 In einer großen Schüssel werden Gemüse, Öl, Essig und die gehackte Minze vermischt. Das Ganze wird gesalzen und gepfeffert. On top finden die ganzen Minzblätter ihren schmucken Platz.

RUBINROTER BULGUR

4 Pers. 30 Min. Leicht

Zutaten

500 g Joghurt
460 g geröstete Paprika (etwa 1 Glas + in Lake)
320 g grünes Blattgemüse (bspw. Mangold, Grünkohl oder Spinat)
300 g Bulgur
500 ml Wasser
2 EL Olivenöl
1 TL Zimtpulver
1 Prise Salz
1 Prise Pfeffer

Küchenutensilien

2 Siebe
1 Topf
1 Küchentuch
1 Schüssel
1 Standmixer
Küchenpapier

Nährwerte

465 kcal
72 g Kohlenhydrate
15 g Fett
17 g Eiweiß

1 Der Bulgur kocht entsprechend den Vorgaben in einem Topf mit Wasser.

2 Derweil ein Sieb mit Küchenpapier auskleiden. Darin tropft der Joghurt ab.

3 Blattgemüse waschen, verlesen und im zweiten Sieb über den Bulgurtopf für 5 Minuten dämpfen. In einem Küchentuch eingewickelt, werden die Blätter ausgedrückt. Währenddessen tropfen die Paprika ab.

4 Das Gemüse wird folglich fein gehackt. In einer Schüssel werden 1 EL Öl und je 1 Prise Salz sowie Pfeffer untergemischt.

5 In einem Standmixer werden Paprika, Zimt, 1 EL Olivenöl und der Essig zu einer Art Dressing gemixt.

6 Nachdem der fertig zubereitete Bulgur etwa 5 Minuten getrocknet ist, wird das Dressing untergehoben. Darauf werden die Blätter verteilt. On top gibt es einen großen Klecks abgetropften Joghurt.

BOHNENSALAT

4 Pers. | 20 Min. | Leicht

Zutaten

750 g grüne Bohnen
100 g Hartkäse (bspw. Pecorino)
500 ml Wasser
3 Tomaten
2 Knoblauchzehen
4 EL Olivenöl
1 EL Aceto balsamico
2 TL Senf
2 TL Honig
1 TL frisch gehackter Thymian
1 Prise Salz
1 Prise Pfeffer

Küchenutensilien

1 Topf
1 Sieb
1 Schüssel

Nährwerte

253 kcal
17 g Kohlenhydrate
16 g Fett
12 g Eiweiß

1 Bohnen putzen sowie zu circa 5 cm langen Stücken schneiden. Sie garen im Topf mit leicht gesalzenem Wasser etwa 8 – 10 Minuten. Anschließend werden sie im Sieb abgeschreckt und tropfen ab.

2 Knoblauch schälen und fein hacken. Tomaten waschen, halbieren und die Blüte herauslösen. Das Tomatenfleisch wird folglich gewürfelt.

3 Sind die Bohnen lauwarm abgekühlt, werden sie mit Knoblauch und Tomaten in einer Schüssel vermengt. Jetzt wird der Käse darübergerieben. Senf, Aceto, Honig und Öl angießen. Pfeffer und Thymian hinzufügen sowie alles gut mischen.

BAUERNSALAT

6 Pers. | 15 Min. | Leicht

Zutaten

200 g Feta
5 cl Balsamico
5 cl Olivenöl
10 schwarze Oliven
10 grüne Oliven
10 Kirschtomaten
2 Knoblauchzehen
2 rote Zwiebeln
1 Bund Petersilie
1 Salatgurke
1 gelbe Paprika
1 rote Paprika
3 EL edelsüßes Paprikapulver
1 EL Salz
1 EL Senf
1 TL getrockneter Oregano
1 TL getrockneter Rosmarin
1 TL getrockneter Majoran

Küchenutensilien

1 Schüssel
1 Standmixer

Nährwerte

171 kcal
5 g Kohlenhydrate
13 g Fett
10 g Eiweiß

1 Gurke schälen sowie zu mundgerechten Stücken schneiden. Paprika putzen, halbieren und von Kernen sowie Häutchen befreien. Sie werden grob gewürfelt. Feta in grobe Stücke zerbröckeln. Tomaten waschen und halbieren.

2 Zwiebeln schälen sowie zu Ringen verarbeiten. Petersilie waschen, trocken schütteln und grob hacken.

3 In einer Schüssel werden die vorbereiteten Zutaten aus den Schritten 1 und 2 mit den Oliven vermischt. Die Oliven dürfen nach persönlicher Vorliebe halbiert oder ganz gelassen werden.

4 Knoblauch schälen und klein schneiden. In einem Standmixer wird er mit den restlichen Zutaten, bis auf das Öl, püriert. Erst jetzt das Öl dazugeben und unter niedrigster Stufe mehr mischen als mixen. Die eher dickflüssige Soße über den Salat träufeln.

FRUCHTIGER SPARGELSALAT

4 Pers. | 20 Min. | Leicht

Zutaten

250 g grüner Spargel
200 g Erdbeeren
100 g Salami
50 g Feta
50 g Rucola
2 EL heller Balsamessig
1 ½ EL Olivenöl
1 TL Limettensaft
1 TL Senf
½ TL Honig
1 Prise Salz
1 Prise Pfeffer

Küchenutensilien

1 Pfanne

Nährwerte

223 kcal
5 g Kohlenhydrate
18 g Fett
10 g Eiweiß

1 Spargel putzen und unten schälen. Er wird zu mundgerechten Stücken geschnitten und brät in der Pfanne im Öl etwas an.

2 Rucola waschen, verlesen und bereits anrichten. Erdbeeren sanft putzen, verlesen und halbieren. Salami abtupfen und zu Scheiben schneiden. Erdbeeren und Salami landen auf dem Rucola.

3 Spargel der Pfanne entnehmen und auf dem Salat verteilen. Das Ganze mit zerbröckeltem Feta veredeln.

4 Die übrigen Zutaten dienen der Zubereitung eines Dressings. Dieses wird über den Salat geträufelt.

Aromatische One-Pot-Gerichte

Kaum nach Hause gekommen, bleibt ein Blick beim Haushalt hängen und einer beim Abendessen. Viel Geschirr, wenig Arbeitsplatz in der Küche und ein riesiger Berg zum Abspülen gehören auch bei der gesunden Verpflegung der Vergangenheit an. Es war noch nie so leicht, alle Aromen im endgültigen Gericht zu binden und bei der Zubereitung auch spürbar Zeit zu sparen, abgesehen vom geringeren Abwasch. Die Rezepte sind dabei nicht nur für das abendliche Mahl gedacht, denn alles in allem darf auch für den nächsten Arbeitstag bereits vorbereitet werden.

KORSISCHE KARTOFFELPFANNE

4 Pers. | 20 Min. | Leicht

Zutaten

600 g Kartoffeln
200 g Zucchini
100 g schwarze Oliven
100 g Schafskäse
2 rote Paprika
2 gelbe Paprika
2 Frühlingszwiebeln
1 Rosmarinzweig
1 Oreganozweig
1 Knoblauchzehe
4 EL Olivenöl
1 Prise frisch geriebener Muskat
1 Prise Salz
1 Prise Pfeffer

Küchenutensilien

1 Pfanne

Nährwerte

282 kcal
24 g Kohlenhydrate
17 g Fett
9 g Eiweiß

1 Kartoffeln putzen und samt Schale zu Vierteln verarbeiten.

2 Nun werden 2 EL Öl in einer Pfanne erhitzt. Darin braten die Kartoffeln unter mittlerer Temperatur circa 10 Minuten an.

3 Derweil Paprikaschoten putzen, vierteln und von den Kernen sowie Häutchen befreien. Sie werden zu circa 3 cm großen Stücken geschnitten und garen nach den 10 Minuten mit den Kartoffeln.

4 Zucchini putzen sowie zu circa 1 cm dicken Scheiben schneiden. Frühlingszwiebeln putzen sowie zu Ringen verarbeiten. Zucchini, Frühlingszwiebeln und das restliche Öl landen für 5 Minuten in der Pfanne.

5 Kräuter waschen, trocken schütteln und die abgezupften Nadeln sowie Blätter fein hacken. Oliven eventuell entsteinen. Der Feta wird abgetupft und zu etwa 1 cm großen Würfeln geschnitten.

6 Die Zutaten aus Schritt 5 2 Minuten vor dem Ende der Garzeit untermengen. Die Kartoffelpfanne wird nun noch mit den Gewürzen veredelt.

FISCHPFANNE

4 Pers. 25 Min. Leicht

Zutaten

200 g Schmand (oder Sauerrahm)
150 ml Brühe
4 Fischfilets (bspw. Rotbarsch oder Kabeljau)
3 Eiertomaten
2 Knoblauchzehen
1 Zwiebel
1 Zucchino, gewürfelt
1 rote Paprika
1 gelbe Paprika
1 ½ EL Salz
1 ½ EL Pfeffer
1 EL Zitronensaft
1 EL Rotwein
1 EL Olivenöl
1 EL Tomatenmark
1 TL getrockneter Thymian

Küchenutensilien

1 Bräter mit Deckel

Nährwerte

404 kcal
12 g Kohlenhydrate
25 g Fett
34 g Eiweiß

1 Paprika putzen, halbieren und deren Kerne herauslösen. Sie werden gewürfelt. Zucchino putzen und zu kleinen Würfeln verarbeiten. Eiertomaten waschen und ebenfalls würfeln. Knoblauch schälen und zerdrücken. Zwiebel schälen und fein hacken.

2 In einem Bräter wird das Öl erhitzt. Jetzt braten die Zwiebeln darin in etwa 3 Minuten glasig an. Die restlichen Gemüsewürfel und der Knoblauch werden hinzugefügt. Alles mit Rotwein und Brühe auffüllen.

3 Mit dem Tomatenmark dickt das Ganze ein. Nun wird mit je 1 TL Salz, Pfeffer und Thymian gewürzt.

4 Fisch abspülen und trocken tupfen. Er wird beidseitig mit je 1 EL Salz, Pfeffer und Zitronensaft eingerieben. Die Fischfilets landen auf dem Gemüsebett. Unter mittlerer Temperatur gart die Speise unter dem Deckel circa 10 Minuten.

ZUCCHINI-REISPFANNE

4 Pers. | 30 Min. | Leicht

Zutaten

300 g Feta
250 g Langkornreis
600 ml Gemüsebrühe
400 ml Weißwein
2 Zucchini
1 Aubergine
1 rote Paprika
1 Knoblauchzehe
1 Zwiebel
1 Chili
4 EL Tomatenmark
2 EL edelsüßes Paprikapulver
1 EL rosenscharfes Paprikapulver
1 EL Balsamessig
1 EL Pflanzenöl
(1 EL Schmand)
1 Prise Salz
1 Prise Pfeffer

Küchenutensilien

1 Pfanne

Nährwerte

678 kcal
65 g Kohlenhydrate
30 g Fett
22 g Eiweiß

1 Das Gemüse putzen, die Paprika von den Kernen befreien und alles zu groben Stücken verarbeiten. Zwiebel und Knoblauch schälen sowie fein hacken. Chili putzen, entkernen und fein hacken.

2 In einer Pfanne wird das Öl erhitzt. Darin dünstet das Gemüse für circa 5 Minuten an. Den rohen Reis dazugeben und etwa 1 Minute unter Rühren mitdünsten.

3 Jetzt werden 200 ml Wein sowie 300 ml Brühe angegossen. Beide Paprikapulver, Tomatenmark und Essig untermischen. Alles salzen und pfeffern. Das Ganze köchelt etwa 15 Minuten, bis der Reis gar ist. Den Rest Wein und Gemüsebrühe nach Bedarf nachgießen.

4 Ist der Reis gar, werden die klein gewürfelten Fetastücke untergehoben. Wer mag, darf 1 EL Schmand darin verrühren.

MEERESFRÜCHTETOPF

2 Pers. 30 Min. Leicht

Zutaten

250 g gemischte Meeresfrüchte (TK)
250 g Fischfilet nach Wahl (bspw. Seelachs)
100 ml trockener Weißwein
1 Dose Tomaten (geschält)
1 Zwiebel
1 Porreestange
1 Knoblauchzehe
2 EL trockener Sherry
1 EL Olivenöl
1 TL Chiliflocken
2 Prisen Salz
2 Prisen frisch gemahlener schwarzer Pfeffer

Küchenutensilien

1 Topf mit Deckel

Nährwerte

623 kcal
14 g Kohlenhydrate
40 g Fett
41 g Eiweiß

1 Meeresfrüchte langsam nach Angaben auf der Verpackung auftauen.

2 Zwiebel schälen und würfeln. Knoblauch schälen und fein hacken. Porree putzen sowie zu Ringen schneiden.

3 In einem Topf brät der Knoblauch im heißen Öl circa 2 Minuten an. Porree und Zwiebel dazugeben. Derweil die Tomaten zerstückeln und inklusive Saft hinzufügen.

4 Wein angießen und die Meeresfrüchte beimengen. Alles mit je 1 Prise Salz und Pfeffer sowie den Chiliflocken abschmecken. Zugedeckt köchelt das Ganze etwa 10 Minuten.

5 Fisch abspülen, trocken tupfen und mundgerecht zerstückeln. Er wird mit je 1 Prise Salz und Pfeffer eingerieben.

6 Sherry angießen und die Fischwürfel dazugeben. Auf kleiner Stufe gart alles in etwa 7 Minuten.

GEMÜSEPASTA

2 Pers. | 25 Min. | Leicht

Zutaten

300 g Nudeln nach Wahl
200 g Sahne
1 l Wasser
20 Kirschtomaten
1 Zwiebel
1 Knoblauchzehe
1 Mozzarella
1 Zucchino
½ Paprika
ein paar Basilikumblätter
1 EL Tomatenmark
1 Prise Salz
1 Prise Pfeffer

Küchenutensilien

1 Pfanne

Nährwerte

630 kcal
67 g Kohlenhydrate
29 g Fett
24 g Eiweiß

1 Tomaten waschen. Zwiebel und Knoblauch schälen sowie fein hacken. Zucchino putzen und klein würfeln. Paprika putzen, deren Kerne entfernen und zu Stiften verarbeiten.

2 In einer Pfanne werden nun sämtliche Gemüsezutaten zusammengeführt. Das Ganze mit Wasser auffüllen. Tomatenmark unterrühren und alles gut mischen.

3 Der Pfanneninhalt köchelt nun etwa 15 Minuten. Kurz bevor die Nudeln gar sind, wird die Sahne angegossen. Jetzt wird mit den Gewürzen abgeschmeckt und alles noch einmal langsam aufgekocht.

4 Vor dem Servieren den Mozzarella abtropfen und zerreißen. Er wird wie ein paar frisch gewaschene Basilikumblätter unmittelbar vor dem Verzehr hinzugefügt.

ITALIENISCHER NUDELPOTT

4 Pers. | 25 Min. | Leicht

Zutaten

500 g Spaghetti
200 g Cocktailtomaten
200 g Mozzarella
1 l Wasser
2 Zwiebeln
1 Knoblauchzehe
1 Bund Basilikum
5 EL Tomatenmark
1 Prise Salz
1 Prise Pfeffer
(1 TL getrocknete italienische Gewürze + Kräuter)

Küchenutensilien

1 Topf

Nährwerte

356 kcal
47 g Kohlenhydrate
11 g Fett
18 g Eiweiß

1 Zwiebel und Knoblauch schälen und fein hacken. Tomaten waschen. Alles landet mit den Spaghetti in einem Topf.

2 Wasser angießen und das Tomatenmark einrühren. Das Ganze köchelt etwa 15 Minuten. Nach 10 Minuten den abgetropften und grob zerrissenen Mozzarella untermischen.

3 Basilikum waschen, trocken schütteln und bis auf ein paar Blätter fein hacken. In der letzten Minute der Garzeit werden die Gewürze sowie das gehackte Basilikum untergerührt. Mit den Basilikumblättern wird die Mahlzeit garniert.

HÄHNCHENTOPF

4 Pers. 25 Min. Leicht

Zutaten

250 g Reis
200 g Hähnchenfleisch
100 g Erbsen
500 ml Wasser
2 Möhren
1 Peperoni
1 Knoblauchzehe
½ Lauchstange
2 EL Ajvar
½ TL Currypulver
1 Prise Salz
1 Prise Pfeffer

Küchenutensilien

1 Pfanne

Nährwerte

245 kcal
32 g Kohlenhydrate
3 g Fett
21 g Eiweiß

1 Fleisch abspülen und abtupfen. Es wird mundgerecht zerschnitten. Erbsen waschen und verlesen. Möhren schälen und entweder zu dünnen Scheiben oder groben Stücken schneiden. Lauch putzen und klein schneiden.

2 Knoblauch schälen und fein hacken. Peperoni putzen, deren Kerne herauslösen und die Schote zu feinen Stücken verarbeiten.

3 Alle Zutaten aus Schritt 1 und 2 in einer Pfanne zusammenführen. Mit dem Wasser auffüllen und aufkochen. Reis dazugeben und den Ajvar untermischen. Das Ganze köchelt jetzt 18 bis 20 Minuten.

4 Etwa 5 Minuten vor dem Ende werden Gewürze und Curry dazugeben. Alles gut mischen.

MITTELMEERPFANNE

4 Pers. | 30 Min. | Leicht

Zutaten

400 g Linguine
400 g Kirschtomaten
150 g Blattspinat
50 g Oliven
50 g Parmesan
1 l Wasser
1 Zitrone
4 EL Olivenöl
2 EL Kapern
1 TL Salz
1 Prise Pfeffer

Küchenutensilien

1 Reibe
1 große Pfanne mit Deckel

Nährwerte

560 kcal
77 g Kohlenhydrate
19 g Fett
18 g Eiweiß

1 Tomaten waschen und halbieren. Zitrone heiß abspülen und deren Schale abreiben.

2 In einer Pfanne wird das Wasser aufgekocht. Darin finden nun Tomaten, Nudeln und Schalenabrieb ihren Platz. Das Ganze mit 2 EL Öl und 1 TL Salz mischen.

3 Unter dem Deckel kocht alles nochmals auf. Deckel abnehmen und den Inhalt 8 Minuten köcheln. Dabei sollte regelmäßig umgerührt werden, damit die Teigwaren nicht festkleben.

4 In einer Schüssel werden klein geschnittene Kapern und Oliven mit dem restlichen Öl gemischt. Den Parmesan reiben. Spinat waschen, trocken schütteln und verlesen. Er wird nach Bedarf klein gezupft.

5 Die Pfanne vom Herd nehmen und die Hälfte des Parmesans mit dem Spinat einrühren. Alles mit je 1 Prise Salz und Pfeffer abschmecken. Jetzt wird der Kapern-Oliven-Mix untergemischt.

6 Kurz vor dem Servieren wird der übrige Käse darübergestreut.

STRANDTOPF

2 Pers. | 25 Min. | Leicht

Zutaten

250 g Tortiglioni
250 g Meeresfrüchte (TK)
400 ml Fischbrühe
100 ml trockener Weißwein
4 Petersilienstiele
4 Kerbelstiele
1 Zwiebel
1 Knoblauchzehe
2 EL Olivenöl
1 Prise Salz
1 Prise Pfeffer

Küchenutensilien

1 Topf

Nährwerte

642 kcal
94 g Kohlenhydrate
9 g Fett
38 g Eiweiß

1 Als Erstes tauen die Meeresfrüchte entsprechend der Packungsangabe auf.

2 Zwiebel und Knoblauch schälen und zu feinen Würfeln verarbeiten. In einem Topf braten diese mit den aufgetauten Meeresfrüchten für 3 - 5 Minuten im Öl an. Mit dem Wein ablöschen und 1 Minute unter stetigem Umrühren weiterbraten.

3 Brühe angießen und Nudeln dazugeben. Alles mit Salz und Pfeffer abschmecken. Die Tortiglioni sollten in 10 - 12 Minuten bissfest gegart sein. Kräuter waschen, trocken schütteln und die abgezupften Blätter fein hacken. Sie dienen als Garnierung.

ONE-POT-SPÄTZLE

4 Pers. | 20 Min. | Leicht

Zutaten

400 g Spätzle
300 g Baby-Blattspinat
250 g Champignons
200 g Räuchertofu
50 g Mozzarella
200 ml Sahne
80 ml Gemüsebrühe
3 EL Röstzwiebeln
1 EL Pflanzenöl
1 Prise Salz
1 Prise frisch gemahlener Pfeffer

Küchenutensilien

1 Pfanne
1 Sieb
1 Reibe

Nährwerte

493 kcal
34 g Kohlenhydrate
31 g Fett
21 g Eiweiß

1 Spinat waschen und verlesen. Pilze vorsichtig putzen und zu Scheiben verarbeiten. Tofu abspülen, trocken tupfen und zu Würfeln schneiden.

2 In einer Pfanne wird das Öl erhitzt. Champignons und Räuchertofu braten darin etwa 3 Minuten.

3 Zwiebeln schälen und klein hacken. Sie werden mit dem Spinat der Pfanne hinzugefügt. Nach weiteren 3 Minuten Sahne sowie Brühe angießen.

4 Spätzle dazugeben und alles mit Salz sowie Pfeffer würzen. Unter niedriger Temperatur köchelt das Ganze nun 10 - 12 Minuten.

5 Derweil tropft der Mozzarella ab. Er wird kurz vor dem Servieren in die Pfanne gerieben.

Schnelle Fleischküche

Die reichhaltige Zufuhr von Vitamin K und Eiweißen ist unerlässlich für einen intakten Stoffwechsel. Richtige Hauptmahlzeiten verschlingen leider in der Regel sehr viel Zeitaufwand, den gerade Berufstätige in der Woche nicht besitzen. Aber deshalb muss noch lange nicht auf leckere und auf mediterrane Art leichte Adaptionen deftiger Speisen verzichtet werden. Folgende Vorschläge sind in kurzer Zeit zuzubereiten und werden unter Umständen am nächsten Tag auch am Arbeitsplatz wieder aufgewärmt.

RINDERSTEAK

2 Pers. | 25 Min. | Leicht

Zutaten

25 g Butter
2 Rindersteaks (bspw. Rostbraten oder Hüfte + zimmerwarm)
1 Zwiebel
1 Knoblauchzehe
1 Peperoni
1 Rosmarinzweig
1 Bund Petersilie
1 Bund Schnittlauch
2 EL Olivenöl
1 Prise Salz
1 Prise Pfeffer

Küchenutensilien

1 Pfanne
Alufolie

1 Zwiebel schälen und fein hacken. Knoblauch schälen und zu dünnen Scheiben schneiden. Kräuter waschen, trocken schütteln und Nadeln wie Blätter fein hacken. Peperoni putzen und zu feinen Würfeln verarbeiten.

2 Jetzt wird das Öl in einer Pfanne erhitzt. Fleisch auf einer Seite mit Salz und Pfeffer einreiben. Es landet für nur 30 Sekunden in der Pfanne. Die Temperatur reduzieren und die obere Seite ebenso salzen und pfeffern. Es wird bis zum gewünschten Gargrad gebraten. Folglich zieht es in Alufolie verpackt durch.

3 Ohne Reinigung der Pfanne wird die Butter darin zerlassen. Zwiebel, Knoblauch und die Peperoniwürfel dünsten darin glasig an. Anschließend dünsten auch die Kräuter für 30 Sekunden darin.

4 Fleischsaft aus der Folie in die Butter gießen. Fleisch und Soße servieren.

Nährwerte

558 kcal
1 g Kohlenhydrate
37 g Fett
58 g Eiweiß

Tipp: Für eine große Mahlzeit eignen sich Polenta oder Gnocchi dazu. Diese, mit Parmesan oder Sahne zubereitet, passen perfekt zum Rindersteak. In der fettfreien Pfanne gerösteten Pinienkerne runden die Speise weiterhin ab.

KRITHARAKIHACK

6 Pers. 30 Min. Leicht

Zutaten

500 g Kritharaki
500 g gemischtes Hackfleisch
500 ml Wasser
1 grüne Paprika
1 gelbe Paprika
1 rote Paprika
½ Zwiebel
3 EL Tomatenmark
3 EL Tomatensoße
3 EL Olivenöl
2 EL frisch gehackter Oregano
2 Prisen Salz
1 Prise Pfeffer

Küchenutensilien

2 Schüsseln
1 Pfanne
1 Topf
1 Sieb

Nährwerte

563 kcal
69 g Kohlenhydrate
23 g Fett
20 g Eiweiß

1 In einer Schüssel das Hackfleisch mit je 1 Prise Salz und Pfeffer bestreuen. Tomatenmark sowie -soße und den Oregano untermengen. Zwiebel schälen sowie klein hacken. Eine Hälfte wird dem Hack beigemengt. Alles gut mischen.

2 Jetzt brät das Hackfleisch in einer Pfanne in 2 EL Öl krümelig an. Folglich kühlt es ein wenig aus.

3 Die Kritharaki kochen derweil entsprechend der Verpackungsangabe in einem Topf mit leicht gesalzenem Wasser circa 12 - 14 Minuten. Folglich tropfen sie im Sieb ab.

4 Paprika putzen, entkernen und zu sehr kleinen Stiften schneiden (etwa Kritharakigröße). Sie ziehen etwa 5 Minuten mit dem restlichen Öl und der übrigen Zwiebel in der zweiten Schüssel.

5 Fleisch und Kritharaki mischen. Jetzt werden die marinierten Paprikawürfel on top gegeben oder untergehoben.

Tipp: Diese Speise funktioniert auch ohne das Fleisch als vegane Alternative sehr gut. Dann entfallen die Arbeitsschritte mit dem Hackfleisch.

FRUCHTIGES HÄHNCHEN

4 Pers. 35 Min. Leicht

Zutaten

200 g Soft-Aprikosen
75 g Pistazien
4 Hähnchenbrüste
2 Zwiebeln
Saft ½ Zitrone
4 EL Sonnenblumenöl
1 EL Granatapfelsirup
1 TL gemahlener Zimt
1 TL gemahlener Koriander
2 Prisen Salz
2 Prisen schwarzer Pfeffer

Küchenutensilien

1 Pfanne mit Deckel
1 Schüssel

Nährwerte

685 kcal
48 g Kohlenhydrate
29 g Fett
56 g Eiweiß

1 Zwiebeln schälen und hacken. Pistazien grob zerkleinern.

2 In einer Pfanne werden 2 EL Öl erhitzt. Darin schmoren die Zwiebeln bei geringer Temperatur und unter gelegentlichem Umrühren circa 8 - 10 Minuten.

3 Derweil braten die abgespülten und abgetupften Hähnchenbrüste etwa 5 Minuten in der zweiten Pfanne im restlichen Öl. Wenn sie sich auf der Unterseite bräunlich färben, werden sie auf der Oberseite gesalzen sowie gepfeffert. Folglich braten sie nach dem Wenden weitere 5 Minuten. Anschließend wird auch die aktuelle Oberseite gesalzen und gepfeffert.

4 Geschmorte Zwiebeln sowie die Aprikosen der Hähnchenpfanne beimengen. Am besten wird das Fleisch auf dem Aprikosen-Zwiebel-Mix arrangiert.

5 In einer Schüssel Wasser mit den Gewürzen, dem Sirup und dem Saft vermengen. Das Ganze wird über das Hähnchen gegossen. Unter geschlossenem Deckel gart das Ganze etwa 10 - 12 Minuten. Sie Soße sollte sämig oder nach Wunsch eingekocht sein. Final landen die Pistazien on top.

SCHINKENPILZE

4 Pers. | 25 Min. | Leicht

Zutaten

700 g Waldpilze
100 g (Serrano-) Schinken
2 rote Zwiebeln
1 Knoblauchzehe
Schalenabrieb 1 Zitrone
½ Bund Petersilie
3 EL Olivenöl
2 Prisen Meersalz
2 Prisen frisch gemahlener schwarzer Pfeffer
1 Prise edelsüßes Paprikapulver

Küchenutensilien

1 Pfanne
Küchenpapier

Nährwerte

254 kcal
1 g Kohlenhydrate
19 g Fett
12 g Eiweiß

1 Pilze vorsichtig putzen und zu circa 3 cm großen Stücken schneiden. Zwiebeln schälen und klein würfeln. Knoblauch schälen und zu dünnen Scheiben schneiden. Schinken abtupfen sowie zu Streifen verarbeiten. Petersilie waschen, trocken schütteln und deren abgezupfte Blätter fein hacken.

2 In einer Pfanne wird das Öl erhitzt. Die Pilze braten darin für 3 Minuten scharf an. Die Pilzpfanne wird mit je 1 Prise der Gewürze abgeschmeckt. Alles 2 Minuten weiterköcheln. Folglich werden die Pilze entnommen und mit Küchenpapier abgetupft.

3 Jetzt schwitzen Zwiebel und Knoblauch für circa 2 Minuten in der Pfanne an. Petersilie, Schalenabrieb und Schinken hinzufügen. Salz und Pfeffer untermischen.

4 Final werden Pilze und Schinkenpfanne gemischt.

SCHWEIN IN SENFRAHM

2 Pers. 15 Min. Leicht

Zutaten

300 g Schweinefilet
200 g gemischte Pilze
40 g Rucola
2 EL Crème fraîche
1 EL Senf (körnig)
1 EL Olivenöl
1 Prise Salz
1 Prise Pfeffer

Küchenutensilien

1 Pfanne

Nährwerte

370 kcal
2 g Kohlenhydrate
24 g Fett
37 g Eiweiß

1 Fleisch abspülen und abtrocknen. Es wird zu 6 Medaillons geschnitten. Frischhaltefolie über das Schwein legen und die Stücke mit einem Topf flach schlagen.

2 Pilze waschen und abtrocknen. Sie braten mit dem Fleisch in 1 EL Öl in einer Pfanne circa 2 Minuten an. Wenn die Pilze goldbraun werden, der Pfanne entnehmen.

3 Senf sowie Crème fraîche hinzufügen. Alles köchelt etwa 2 Minuten und wird mit je 1 Prise Salz und Pfeffer gewürzt. Rucola waschen, trocken schütteln und grob zerreißen.

4 Fleisch samt Soße anrichten, darauf werden die Pilze arrangiert. Der Rucola dient als Garnierung.

HONIG-HÄHNCHENFLEISCH

4 Pers. 40 Min. Leicht

Zutaten

500 ml Tomatensoße (oder 1 Flasche Ketchup)
4 Hähnchenbrüste
4 Knoblauchzehen
Saft 1 Zitrone
6 EL Honig
2 EL Weißweinessig
2 EL Currypulver
2 EL edelsüßes Paprikapulver
2 EL Thymian (frisch gehackte Blätter oder 1 EL getrocknet)
2 EL Oregano (frisch gehackte Blätter oder 1 EL getrocknet)
2 EL Rosmarin (frische Nadeln oder 1 EL getrocknet)
1 ½ TL Tabasco
1 Prise Salz
1 Prise Pfeffer
ein paar Spritzer Sojasoße

Küchenutensilien

1 Auflaufform
1 Schüssel

Nährwerte

392 kcal
32 g Kohlenhydrate
7 g Fett
52 g Eiweiß

1 Fleisch abspülen und abtupfen. Es wird mit Salz und Pfeffer eingerieben und kommt in die Auflaufform.

2 Backofen auf 200 °C Ober- / Unterhitze einstellen. In einer Schüssel werden derweil sämtliche restliche Zutaten miteinander vermischt. Damit wird das Fleisch übergossen und backt nun etwa 30 Minuten im Ofen.

PUTENSCHNITZEL

2 Pers. | 30 Min. | Leicht

Zutaten

200 g Feta
200 g Schlagsahne
200 ml Milch
2 Putenschnitzel
1 Zucchino
2 TL getrocknetes Basilikum
1 TL getrockneter Thymian
1 TL getrockneter Oregano
1 Prise Salz
1 Prise Pfeffer

Küchenutensilien

1 Auflaufform
1 Schüssel
Backofen

Nährwerte

877 kcal
12 g Kohlenhydrate
66 g Fett
60 g Eiweiß

1 Zucchino putzen und zu kleinen Würfeln schneiden.

2 Putenschnitzel abspülen, trocken tupfen und eventuell von Sehnen befreien. Sie landen in einer Auflaufform und werden mit Salz sowie Pfeffer bestreut.

3 Darüber werden die Zucchinowürfel verteilt. Feta zerbröseln und ebenso on top streuen.

4 In einer Schüssel werden Sahne und Milch vermischt. Die Kräuter hinzufügen und alles gut mischen.

5 Backofen auf 200 °C Ober- / Unterhitze aufheizen. Die Ofenform wird mit der Soße aufgefüllt. Die Pute gart nun etwa 20 – 22 Minuten im Backofen.

OFENSTEAKS

4 Pers. 30 Min. Leicht

Zutaten

4 Schweinekoteletts
3 rote Paprika
3 Tomaten
3 Thymianzweige
1 Zucchino
1 Mozzarella
1 Rosmarinzweig
4 EL heller Balsamessig
3 EL Olivenöl
1 TL getrockneter Thymian
2 Prisen Salz
2 Prisen Pfeffer

Küchenutensilien

1 Pfanne
1 Auflaufform
Backofen

Nährwerte

419 kcal
8 g Kohlenhydrate
29 g Fett
32 g Eiweiß

1 Paprika putzen, halbieren sowie von Kernen befreien. Sie werden klein geschnitten. Zucchino putzen und zu mundgerechten Stücken verarbeiten. Tomaten waschen, den Blütenansatz herausschneiden und klein stückeln. Kräuter waschen, trocken schütteln sowie deren abgezupfte Blätter klein schneiden.

2 Koteletts abspülen und trocken tupfen. Sie werden mit je 1 Prise Salz, Pfeffer und dem getrockneten Thymian eingerieben.

3 Jetzt wird 1 EL Öl in einer Pfanne erhitzt. Paprika und Zucchino dazugeben und bei stetem Umrühren 2 Minuten scharf anbraten. Tomaten beimengen und mit je 1 Prise Salz und Pfeffer abschmecken. Die frischen Kräuter werden untergerührt und alles köchelt circa 2 - 3 Minuten.

4 Derweil wird eine Auflaufform eingefettet und mit dem Gemüse gefüllt.

5 In der Pfanne erneut 1 EL Öl erhitzen. Darin braten die Koteletts nach dem gewünschten Bräunungsgrad. Es sollte etwa 1 - 1 ½ Minuten pro Seite in Anspruch nehmen. Sie landen auf dem Gemüsebett.

6 Backofen auf 200 °C Ober- / Unterhitze einstellen. Den Pfannenbratsatz mit dem Essig ablöschen und über das Fleisch gießen. Mozzarella abtropfen und zu kleinen Würfeln verarbeiten. Die Würfel landen auf den Koteletts. Das Ganze backt nun etwa 15 - 20 Minuten im Ofen und wird am besten zu frischem Brot serviert.

GRIECHISCHE FEIERABENDPFANNE

2 Pers. 25 Min. Leicht

Zutaten

400 g Schweinehackfleisch
1 Glas grüne Bohnen
1 Packung Feta
1 Zwiebel
½ Zucchino
1 EL Pflanzenöl
1 EL Teriyakisoße
1 TL getrockneter Thymian
1 Prise Salz

Küchenutensilien

1 Sieb
1 Pfanne

Nährwerte

430 kcal
5 g Kohlenhydrate
30 g Fett
36 g Eiweiß

1 Im erhitzten Öl brät das Mett braun an. Die Bohnen tropfen im Sieb ab.

2 Derweil Zwiebel schälen und zu Ringen verarbeiten. Zucchino putzen und in Würfel schneiden. Beides landet in der Mettpfanne. Teriyakisoße angießen und alles schwenken.

3 Bohnen der Pfanne hinzugeben und bei stetem Umrühren eher erwärmen als kochen. Das Ganze wird mit Salz und Thymian gewürzt und der Inhalt durchgemischt. Feta zu kleinen Stücken zerbröseln und on top geben. Wenn er zu schmelzen beginnt, darf das Essen serviert werden.

LAMMPFANNE

4 Pers. 30 Min. Leicht

Zutaten

500 g Lammfilet
300 g grüne Bohnen (frisch oder TK)
200 g Möhren
50 g frisch geriebener Parmesan
2 Zwiebeln
2 Knoblauchzehen
1 EL Olivenöl
1 EL Salz
1 EL frisch gemahlener Pfeffer
1 TL getrockneter Rosmarin
1 TL getrockneter Thymian

Küchenutensilien

1 Schüssel
1 Pfanne

Nährwerte

261 kcal
6 g Kohlenhydrate
12 g Fett
32 g Eiweiß

1 Bohnen eventuell auftauen. Fleisch abspülen, abtrocknen und eventuell von Sehnen befreien. Es wird zu mundgerechten Stücken geschnitten und in einer Schüssel direkt mit Salz und Pfeffer gewürzt.

2 Möhren schälen sowie zu Scheiben verarbeiten. Knoblauch und Zwiebeln schälen sowie klein würfeln. In einer Pfanne dünsten Zwiebel sowie Knoblauch im erhitzten Öl an. Lammfleisch dazugeben und etwa 5 Minuten anbraten. Die Filetstücke werden anschließend entnommen.

3 Bohnen sowie Möhren in die Pfanne geben und mit den Gewürzen sowie je 1 Prise Salz und Pfeffer andünsten. Sie garen etwa 10 Minuten, bevor der Parmesan untergerührt wird. Lamm hinzufügen und alles nochmals 2 Minuten erwärmen anstatt köcheln.

GEFLÜGELPFANNE

4 Pers. | 30 Min. | Leicht

Zutaten

300 g Champignons
90 g schwarze Oliven
200 ml Wasser
4 Putenschnitzel
3 Tomaten
2 Zucchini
1 Zwiebel
3 EL Crème fraîche
1 EL Pflanzenöl
1 EL Rosmarin (oder 1 TL getrockneter Rosmarin)
1 EL Thymian (oder 1 TL getrockneter Thymian)
½ TL körnige Hühnerbrühe
5 Prisen Salz
5 Prisen Pfeffer

Küchenutensilien

1 Pfanne
1 Schüssel

Nährwerte

335 kcal
4 g Kohlenhydrate
16 g Fett
43 g Eiweiß

1 Fleisch abspülen, abtupfen sowie zu Würfeln schneiden. Es brät in einer Pfanne im erhitzten Öl goldbraun an. Es wird mit je 4 Prisen gesalzen sowie gepfeffert und aus der Pfanne genommen.

2 Pilze vorsichtig waschen und zu Scheiben verarbeiten. Zucchini putzen sowie zu Würfeln verarbeiten. Tomaten waschen, den Blütenansatz entnehmen und das Tomatenfleisch klein würfeln.

3 Zwiebel schälen und in der Pfanne glasig dünsten. Kräuter sowie die Pilze hinzufügen. Zucchini dazugeben und alles 3 - 4 Minuten braten. Folglich werden die Tomaten beigemengt.

4 Alles mit je 1 Prise Salz und Pfeffer würzen. Fleisch sowie Oliven hinzufügen. Derweil werden Wasser und Brühe in einer Schüssel vermischt und anschließend der Pfanne angegossen.

5 Das Ganze köchelt jetzt etwa 5 Minuten. Final wird vor dem Servieren die Crème fraîche untergerührt.

HACKBRATEN

2 Pers. 35 Min. Leicht

Zutaten

400 g Rinderhackfleisch
5 Auberginenscheiben
1 Ei
1 Tomate
1 Zwiebel
½ rote Paprika
1 EL Tomatenmark
1 EL Paniermehl
1 TL Olivenöl
1 TL getrockneter Oregano
1 TL Salz
¼ TL Pfeffer

Küchenutensilien

1 Pfanne
1 Schüssel
1 Auflaufform
Backofen

Nährwerte

553 kcal
3 g Kohlenhydrate
42 g Fett
42 g Eiweiß

1 Tomate waschen, Blütenansatz entfernen und zu kleinen Würfeln verarbeiten. Paprika putzen, von Kernen befreien und das Gemüse klein würfeln. Zwiebel schälen sowie zu kleinen Würfeln schneiden.

2 Auberginenscheiben zu Streifen schneiden. Sie braten in einer Pfanne im erhitzten Öl kurz aus.

3 Backofen auf 220 °C Ober- / Unterhitze einstellen. In einer Schüssel werden das Hackfleisch mit dem Gemüse, aufgeschlagenem Ei und den Gewürzen gut gemischt. Daraus wird ein kleiner flacher Laib geformt.

4 Der Hackbraten landet in einer Auflaufform und backt etwa 25 Minuten.

Fischgerichte in Kürze

Mittelmeerküche verbinden wir alle mit der Leichtigkeit des sich wogenden Wassers. Und natürlich spielen Fische und Meeresfrüchte bei der mediterranen Kost eine ebenso große Rolle wie Fleischgerichte. Diese frische Leichtigkeit lässt sich auch für daheim sichern – nachstehende Rezepte versprechen maritime Abwechslung für jeden Gaumen und eine 1A-Zeitplanung für den vollen Terminkalender.

SARDELLENSPAGHETTI

4 Pers. | 25 Min. | Leicht

Zutaten

300 g Spaghetti
150 g schwarze Oliven (entsteint)
100 g Sardellenfilet
500 ml Wasser
4 Knoblauchzehen
1 Bund Petersilie
1 rote Chili
6 EL Olivenöl
1 Prise Salz

Küchenutensilien

1 Topf
1 Sieb
1 Pfanne

1 Knoblauch schälen und fein hacken. Chili putzen, von den Kernen befreien und ebenso klein hacken. Die Filets tropfen ab und werden zu feinen Stücken geschnitten. Oliven klein schneiden. Petersilie waschen, abtrocknen und fein hacken.

2 In einem Topf garen die Spaghetti im heißen, leicht gesalzenem Wasser gemäß der Verpackungsanleitung. Sie tropfen anschließend in einem Sieb ab.

3 Derweil brät der Knoblauch in 2 EL Öl nur kurz. Er soll zu duften beginnen. Chili und Sardellen dazugeben und alles anbraten, bis die Fische zerfallen sind.

4 Die Pfanne vom Herd nehmen und Oliven sowie Petersilie unterrühren.

5 Die abgetropften Spaghetti in der Pfanne verrühren. Alles noch einmal erwärmen und das übrige Öl untermischen.

Nährwerte

518 kcal
29 g Kohlenhydrate
39 g Fett
13 g Eiweiß

JAKOBSMUSCHELN

2 Pers. | 30 Min. | Leicht

Zutaten

250 g Jakobsmuscheln
30 g Rosinen
30 g Couscous
100 ml Fischbrühe
1 Knoblauchzehe
1 Tomate
½ Zucchino
½ rote Paprika
1 EL Olivenöl
1 EL Thymian
1 TL gemahlener Koriander
½ TL Currypulver
1 Prise Salz
1 Prise weißer Pfeffer
1 Msp. Chilipulver

Küchenutensilien

1 Topf
1 Grillpfanne

Nährwerte

250 kcal
19 g Kohlenhydrate
13 g Fett
16 g Eiweiß

1 Knoblauch schälen und auspressen. In einem Topf wird ½ EL Öl erhitzt. Darin braten Couscous gemeinsam mit Thymian und dem Knoblauch kurz an. Folglich wird mit der Brühe aufgegossen. Alles köchelt, bis der Couscous bissfest gegart ist.

2 Währenddessen Paprika putzen, von den Kernen und Häutchen befreien und klein würfeln. Tomaten waschen, den Blütenansatz herausschneiden und das Tomatenfleisch zu Würfeln verarbeiten. Zucchino putzen sowie zu Würfeln schneiden. Das Gemüse landet mit den Rosinen und Gewürzen im Couscoustopf.

3 Jakobsmuscheln abspülen und trocken tupfen. In einer Grillpfanne braten sie pro Seite etwa 2 Minuten im übrigen Öl. Sie sollten etwas karamellisieren. Vor dem Servieren werden die Jakobsmuscheln auf den Couscous gesetzt.

PROVENZALISCHE ROTBARBE

4 Pers. 30 Min. Leicht

Zutaten

750 g Kartoffeln (mehligkochend)
1 l Wasser
16 schwarze Oliven (entsteint)
16 Tomaten (getrocknet, in Öl)
4 Rotbarbenfilets (mit Haut)
1 rote Chili
1 Handvoll gehackter Kräutermix (bspw. Petersilie, Dill + Schnittlauch)
8 EL Olivenöl
2 Prisen Salz
1 Prise schwarzer Pfeffer

Küchenutensilien

1 Topf
1 Sieb
1 Schüssel
1 Pfanne

Nährwerte

557 kcal
34 g Kohlenhydrate
33 g Fett
29 g Eiweiß

1 Kartoffeln schälen. Sie garen folglich im leicht gesalzenen Wasser in einem Topf circa 12 bis 15 Minuten. Folglich tropfen sie in einem Sieb ab. Etwa 150 ml des Kochwassers wird behalten.

2 Oliven und Tomaten grob zerschneiden. Chili putzen, deren Kerne entnehmen und die Schote fein hacken.

3 In einer Schüssel werden die Kartoffeln zerstampft. Im Stampf werden 6 EL Öl untergemischt. Das restliche Salz und den Pfeffer hinzufügen. Tomaten, Oliven, Kräuter und Chili beimengen. Nach und nach das Kochwasser angießen, bis eine cremige Masse entsteht.

4 In einer Pfanne wird nun das übrige Öl erhitzt. Mit der Hautseite nach unten braten die Fischfilets unter mittlerer Temperatur circa 3 Minuten. Sie werden anschließend gewendet und braten weitere 30 Sekunden.

5 Die Rotbarbe wird auf dem provenzalischen Kartoffelstampf angerichtet.

BULLINADA

4 Pers. 30 Min. Leicht

Zutaten

800 g Fischfilet nach Wahl (mit Haut, bspw. Seeteufel oder Seehecht)
800 g Kartoffeln
2 l Fischbrühe
200 ml Mayonnaise
100 ml trockener Weißwein
8 Knoblauchzehen
1 Zwiebel
Zesten ½ Orange
Saft ½ Zitrone
4 EL gehackte Petersilie
2 EL Olivenöl
1 TL Fenchelsamen
1 Prise Chiliflocken
1 Prise Salz
1 Prise schwarzer Pfeffer
(1 Prise Safranfäden)

Küchenutensilien

1 Topf
1 Schüssel

Nährwerte

782 kcal
32 g Kohlenhydrate
55 g Fett
39 g Eiweiß

1 Zwiebel und Knoblauch schälen. Die Zwiebel und 6 Knoblauchzehen werden fein gehackt. Die restlichen Zehen werden zerdrückt. Kartoffeln schälen sowie zu etwa 1,5 cm dicken Scheiben schneiden.

2 In einem Topf braten die Zwiebeln bei mittlerer Hitze circa 5 Minuten. Folglich wird der gehackte Knoblauch beigemengt. Alles brät etwa 2 Minuten weiter, bis der Knoblauch bräunlich wird.

3 Brühe und Wein angießen sowie eventuell den Safran unterrühren.

4 Fenchelsamen und Orangenzesten einstreuen. Kartoffeln dazugeben und alles salzen sowie pfeffern. Das Ganze köchelt nun 20 Minuten abgedeckt vor sich hin.

5 Etwa 10 Minuten vor Garzeitende die Orangenschale entnehmen und den Fisch dazugeben. Nach circa 5 Minuten wird der Fisch grob zerstückelt.

6 Die restlichen Zutaten werden in einer Schüssel vermengt. Kurz vor dem Servieren werden darin 2 EL Fond aus dem Topf verrührt. Alles landet jetzt im Fischtopf und wird verrührt. Chili dazugeben und den Topfinhalt erwärmen. Er darf nicht kochen, sonst flockt die Mayonnaise aus.

7 Final wird die Speise mit der Petersilie bestreut.

ZITRONENGARNELEN

4 Pers. | 20 Min. | Leicht

Zutaten

500 g Garnelen
2 Knoblauchzehen
Schalenabrieb 1 Zitrone
2 EL Olivenöl
1 Prise Meersalz
1 Prise frisch gemahlener schwarzer Pfeffer

Küchenutensilien

1 Pfanne
Küchenpapier

Nährwerte

193 kcal
2 g Kohlenhydrate
10 g Fett
26 g Eiweiß

1 Als Erstes wird die Schale der Garnelen entfernt. Folglich werden die Meeresfrüchte entdarmt. Garnelen abspülen und trocken tupfen.

2 Nachdem das Öl in einer Pfanne auf Temperatur gebracht worden ist, braten die Garnelen jetzt 5 Minuten. Knoblauch schälen sowie zu dünnen Scheiben schneiden. Er landet mit dem Zitronenschalenabrieb in der Pfanne. Alles schwitzt etwa 1 Minute an und wird mit Salz und Pfeffer gewürzt.

KREBSKLOPSE

2 Pers. | 20 Min. | Leicht

Zutaten

400 g Arrabiata (etwa 1 Glas)
200 g Krebsfleisch (etwa 1 Dose)
150 g Linguine
100 g Semmelbrösel
500 ml Wasser
1 Ei
1 EL Olivenöl
1 Prise Salz

Küchenutensilien

1 Topf
1 Pfanne

Nährwerte

546 kcal
86 g Kohlenhydrate
11 g Fett
26 g Eiweiß

1 Die Nudeln garen in leicht gesalzenem Wasser in einem Topf entsprechend der Packungsanleitung.

2 In einer Schüssel wird das Ei aufgeschlagen. Krebsfleisch sowie Semmelbrösel landen ebenso darin. Alles wird gut miteinander vermengt. Daraus werden kleine Bällchen geformt.

3 Folglich braten die Klopse in einer Pfanne mit dem erhitzten Öl für circa 6 Minuten.

4 Die Arrabiata-Soße angießen und alles 3 – 4 Minuten schwenkend köcheln. Die Linguine direkt aus dem Topf in die Pfanne geben. Es soll ein wenig Kochwasser mitgenommen werden. Das Ganze wird nun gut vermengt.

KNUSPRIGE GARNELEN

2 Pers. 20 Min. Leicht

Zutaten

250 g Saatenmix (oder Nussmix)
30 g Pistazienkerne
8 Riesengarnelen (roh + ungeschält)
2 Zucchini
2 Zitronen
3 EL Olivenöl

Küchenutensilien

1 Pfanne
1 Zestenreißer
1 Schüssel

Nährwerte

548 kcal
44 g Kohlenhydrate
32 g Fett
22 g Eiweiß

1 Zucchini putzen und zu sehr dünnen Scheiben verarbeiten. In einer Pfanne braten diese Scheiben nebeneinander positioniert ohne Fett von einer Seite goldbraun. Dies erfolgt in mehreren Rationen.

2 Garnelen schälen sowie am Rücken mit einem Messer entdarmen. Zitronen heiß abspülen und abtrocknen. Von einer Zitrusfrucht wird mittels Zestenreißer Schale abgeschnitten. Diese Frucht wird halbiert und in eine Schüssel ausgepresst. Die zweite Zitrone zu Spalten verarbeiten.

3 In der Schüssel werden Zucchinischeiben sowie der Saatenmix im Zitronensaft und 2 EL Olivenöl mariniert. Nüsse sollten grob zerkleinert werden.

4 Jetzt wird das restliche Öl in der Pfanne erhitzt. Garnelen sowie Zitronenschale braten darin 2 Minuten. Folglich wird die Mischung aus der Schüssel beigemengt.

5 Nach etwa 3 – 4 Minuten darf serviert werden. Grob gehackte Pistazien und Zitronenspalten dienen als Garnierung.

FLINKER FISCH

2 Pers. 30 Min. Leicht

Zutaten

500 g Kartoffeln (mehligkochend)
300 g Kabeljau (etwa 2 Stück, geschuppt + entgrätet)
2 Eier
½ Bund Petersilie
4 EL Meersalz
2 TL Oliventapenade
1 Prise schwarzer Pfeffer

Küchenutensilien

1 Pfanne
1 Schüssel
1 Quirl

Nährwerte

377 kcal
22 g Kohlenhydrate
17 g Fett
38 g Eiweiß

1 Fisch abspülen, trocken tupfen und mit richtig viel Meersalz einreiben. Er wird zur Seite gelegt.

2 Kartoffeln putzen, halbieren sowie zu circa 1 cm großen Würfeln verarbeiten. In einer Pfanne braten diese in 2 EL erhitztem Öl für 10 Minuten knusprig. Sie werden mit je 1 Prise Salz und Pfeffer gewürzt. Die Pfanne sollte gelegentlich geschwenkt werden.

3 Kabeljau nochmals abspülen und trocken tupfen. Er wird durch das Einsalzen sehr zart. Nachdem die Kartoffeln an den Pfannenrand geschoben wurden, braten die Fischfilets pro Seite 3 – 4 Minuten.

4 Derweil werden die Eier in einer Schüssel verquirlt. Petersilie waschen, trocken schütteln und deren Blätter abzupfen. Die Hälfte der Petersilienblätter wird fein gehackt und in der Ei-Masse verrührt.

5 Der Fisch wird der Pfanne entnommen und auf dem Teller platziert. Die Eier werden für 30 Sekunden in der Kartoffelpfanne geschwenkt.

6 Fischhaut entfernen und den Kabeljau zu groben Stücken teilen. Die Kartoffeln anrichten und ein Klecks Tapenade dazugeben. Die restlichen Petersilienblätter dienen als Garnierung.

GEDÜNSTETER FISCH

4 Pers. 30 Min. Leicht

Zutaten

600 g Fischfilet (etwa 4 Stück + Weißfisch)
100 ml Wasser
1 rote Paprika
1 gelbe Paprika
1 grüne Paprika
1 Lauchstange
1 Orange
½ Bund Oregano
4 EL Meersalz
4 EL Olivenöl
1 EL Rotweinessig
1 Prise schwarzer Pfeffer

Küchenutensilien

1 Schmorpfanne mit Deckel
1 Schüssel
Mörser & Stößel

Nährwerte

276 kcal
8 g Kohlenhydrate
15 g Fett
30 g Eiweiß

1 Fisch abspülen, trocken tupfen und großzügig mit Meersalz einreiben. Dies sorgt für die spätere Zartheit. Er wird erst einmal zum Einsalzen zur Seite gelegt.

2 Paprika putzen, halbieren und deren Häutchen sowie Kerne entfernen. Sie werden nun zu circa 2 cm großen Stücken verarbeitet. Die Paprikawürfel braten in 2 EL heißem Öl in einer flachen Schmorpfanne an.

3 Lauch putzen und der Länge nach vierteln. Er wird zu ebenso 2 cm großen Stücken geschnitten und landet bei der Paprika. Alles mit je 1 Prise Salz und Pfeffer würzen. Das Ganze köchelt bei gelegentlichem Umrühren etwa 15 Minuten, bis das Gemüse weich und etwas gebräunt ist.

4 Oregano waschen, trocken schütteln und mit 1 Prise Salz in einem Mörser zerstoßen. Orange heiß abspülen und halbieren. 2 EL Öl, der Essig sowie der Saft von einer halben Orange werden in einer Schüssel mit der Oreganopaste vermischt.

5 Fisch abermals abspülen und trocken tupfen. Er wird auf das Gemüse gebettet. Den Saft der zweiten Orangenhälfte darüberträufeln und das Wasser angießen.

6 Jetzt dünstet der Fisch unter dem geschlossenen Pfannendeckel etwa 5 – 7 Minuten. Vor dem Servieren wird das Ganze mit dem Dressing beträufelt.

GARNELEN-PASTA

2 Pers. 25 Min. Leicht

Zutaten

300 g Kirschtomaten
200 g Garnelen (TK oder frisch)
200 g Spaghetti (bspw. Dünne Capellini)
550 ml Wasser
4 Thymianstiele
2 Knoblauchzehen
½ Bund glatte Petersilie
6 EL Olivenöl
1 TL Chiliflocken
3 Prisen Meersalz

Küchenutensilien

1 Topf
1 Pfanne
1 Sieb
Küchenpapier

Nährwerte

742 kcal
76 g Kohlenhydrate
32 g Fett
30 g Eiweiß

1 Garnelen tauen eventuell auf oder werden frisch abgespült und mit dem Küchenpapier abgetupft. Spaghetti kochen entsprechend der Verpackungsanleitung in leicht gesalzenen 500 ml Wasser.

2 Knoblauch schälen und zu dünnen Scheiben schneiden. Tomaten waschen sowie halbieren. Petersilie waschen, abtrocknen und fein hacken.

3 In einer Pfanne werden 2 EL Öl erhitzt. Thymian abspülen und trocken schütteln. Er landet mit den Garnelen bei mittlerer Hitze für circa 2 – 3 Minuten in der Pfanne. Folglich brät die Hälfte des Knoblauchs etwa 2 Minuten mit.

4 Thymianstiele entfernen und die Garnelen mit Chili sowie 1 Prise Salz würzen. Sie werden der Pfanne entnommen und beiseitegelegt.

5 Im restlichen Öl dünstet der übrige Knoblauch für 1 Minute an. Tomaten und Wasser angießen und alles aufkochen. Das Ganze köchelt jetzt 4 – 5 Minuten und wird anschließend mit 1 Prise Salz gewürzt. Petersilie und die Garnelen werden folglich darin vermengt.

6 Nudeln tropfen im Sieb ab und werden unter den bisherigen Pfanneninhalt gemischt. Vor dem Servieren wird die Pfanne mit den letzten 2 EL Öl beträufelt.

Tipp: Mit Schale bleiben die Garnelen saftiger. Kurz bevor sie in der Tomatenpfanne landen, sollten sie erst geschält werden.

ZITRONENLACHS

2 Pers. 30 Min. Leicht

Zutaten

300 g Lachs (mit Haut)
200 g Wildkräutersalat
60 g rote Kirschtomaten
60 g gelbe Kirschtomaten
50 g getrocknete Tomaten
20 g Pinienkerne
2 Basilikumstiele
1 ½ Knoblauchzehen
1 Zitrone
½ rote Zwiebel
10 EL Olivenöl
3 EL Weißweinessig
2 EL Honig
1 TL Zucker
2 Prisen Salz
2 Prisen Pfeffer

Küchenutensilien

3 Schüsseln
1 Pfanne

Nährwerte

449 kcal
3 g Kohlenhydrate
39 g Fett
24 g Eiweiß

1 Fisch abspülen und trocken tupfen. Er wird folglich portioniert. Zitrone heiß waschen und abtrocknen. Von der Zitrone wird folglich erst einmal Schalenabrieb erzeugt. Danach wird die Zitrusfrucht halbiert und in eine Schüssel ausgepresst. 1 Knoblauchzehe schälen und zu dünnen Scheiben schneiden.

2 Zu dem Zitronensaft kommen nun 4 EL Öl, Schalenabrieb und Knoblauch. Honig unterrühren und alles mit je 1 Prise salzen und pfeffern. Darin marinieren die Fischstücke.

3 Wildkräutersalat waschen und verlesen. Tomaten waschen und eventuell halbieren. Die getrockneten Tomaten werden zu Streifen geschnitten. Die rote Zwiebel schälen und zu dünnen Streifen verarbeiten. Die bisher zubereiteten Zutaten dieses Arbeitsschritts werden in der zweiten Schüssel zu einem Salat gemischt.

4 In einer Pfanne rösten nun die Hälfte der Pinienkerne aromatisch an. Sie werden dem Salat untergerührt.

5 Für das Dressing Basilikum waschen, trocken schütteln und die Blätter zu feinen Streifen schneiden. In der dritten Schüssel werden diese mit dem Zucker, 5 EL Öl und Essig vermischt. Die letzte halbe Knoblauchzehe schälen und dahinein reiben. Alles salzen und pfeffern. Das Dressing wird folglich im Salat gut untergemischt.

6 Der letzte EL Öl wird in der Pfanne auf Temperatur gebracht. Auf der Hautseite brät der Fisch zunächst für circa 3 Minuten scharf an. Er wird gewendet und mit der Marinade eingepinselt. Nach 1 Minute wird der Fisch vom Herd genommen und zieht etwa 2 Minuten. Er wird auf dem Salat arrangiert und mit den restlichen Pinienkernen bestreut.

Vegetarische Mahlzeiten – wenig Aufwand

Unterwegs bedarf es mitunter keiner zu deftigen Kost, aber einer erfrischenden Lieferung an Power für den Rest des Tages. Nicht nur bei reinen Vegetariern sorgen daher folgende Rezeptideen für ein breites Sommerlächeln im Gesicht – und zusätzlich entspannte Rahmenbedingungen bei der Zubereitung. In kurzer Zeit entstehen vollwertige Mahlzeiten, die sich auch im Fokus einer Speisevorbereitung bestens eignen.

TOMATEN-FETA-AUFLAUF

2 Pers. 30 Min. Leicht

Zutaten

350 g Tomaten
140 g cremiger Schafskäse (in Lake)
4 grüne Peperoni
½ Baguette
5 EL Olivenöl
3 EL (Kalamata-) Oliven
1 TL getrockneter Oregano
1 Prise Salz
1 Prise Pfeffer
1 Prise Zucker

Küchenutensilien

1 Auflaufform (circa 25 cm Durchmesser)
Küchenpapier
Backofen

Nährwerte

878 kcal
44 g Kohlenhydrate
62 g Fett
30 g Eiweiß

1 Backofen auf 240 °C Ober- / Unterhitze einstellen. Tomaten waschen, deren Blütenansatz entfernen und das Tomatenfleisch zu groben Würfeln verarbeiten. Peperoni putzen, entstielen und zu Ringen schneiden. Oliven dürfen wahlweise halbiert oder ganz gelassen werden.

2 In einer Auflaufform werden folglich alle Zutaten aus Schritt 1 und die Gewürze miteinander vermischt.

3 Schafskäse abtupfen und zu Scheiben schneiden. Sie werden auf den Auflauf gelegt. Das Ganze backt nun auf der mittleren Schiene 18 - 20 Minuten. Vor dem Servieren nochmals gut durchmischen. Am besten passt frisches Baguette dazu.

PAPRIKAREIS

4 Pers. 25 Min. Leicht

Zutaten

250 g Reis
50 g Kräuterbutter
50 g Parmesan
750 ml Wasser
4 Sucuk (oder würzige Würste nach Wahl)
1 Zwiebel
1 rote Paprika
1 grüne Paprika
1 EL Olivenöl

Küchenutensilien

1 Topf
1 Pfanne
1 Reibe

Nährwerte

946 kcal
54 g Kohlenhydrate
63 g Fett
38 g Eiweiß

1 In einem Topf kocht der Reis laut den Angaben in 500 ml leicht gesalzenem Wasser circa 12 bis 15 Minuten.

2 Paprika putzen, deren Kerne und Häutchen entnehmen und die Schoten zu Streifen verarbeiten. Zwiebel schälen und zu Scheiben verarbeiten.

3 Sucuk zu dünnen Scheiben schneiden. In ½ EL Öl braten diese kurz in einer Pfanne an. Zwiebel und Paprika dazugeben. Alles köchelt etwa 10 Minuten.

4 Das übrige Wasser angießen und nochmals 10 Minuten garen. Darin wird folglich der Reis untergerührt.

5 Kräuterbutter zu Scheiben schneiden. Sie wird der Pfanne dazugegeben. Nach dem Verflüssigen der Butter köchelt alles noch weitere 5 Minuten.

6 Vor dem Servieren wird der frisch geriebene Parmesan daraufgestreut.

SPINAT-TAGLIATELLE

4 Pers. | 30 Min. | Leicht

Zutaten

400 g Tagliatelle
300 g Kirschtomaten
250 g frischer Spinat (oder TK + möglichst gehackt)
100 g süße Sahne
30 g Parmesan
500 ml Wasser
1 Zwiebel
½ Knoblauchzehe
3 EL Olivenöl
½ TL Zucker
1 Prise Salz
1 Prise frisch gemahlener schwarzer Pfeffer
1 Prise frisch geriebener Muskat

Küchenutensilien

2 Töpfe
1 Pfanne
1 Reibe

Nährwerte

437 kcal
42 g Kohlenhydrate
24 g Fett
12 g Eiweiß

1 Spinat waschen, abtrocknen und verlesen. Das Blattgemüse wird folglich klein gehackt. Zwiebel schälen und zu feinen Würfeln verarbeiten. Knoblauch schälen und fein hacken.

2 Die Nudeln kochen derweil im leicht gesalzenen Wassertopf nach den Vorgaben der Verpackung.

3 In einer Pfanne werden 2 EL Öl auf Temperatur gebracht. Darin schwitzen Zwiebel und Knoblauch glasig an. Spinat hinzufügen und mit der Sahne ablöschen. Das Ganze köchelt nun etwa 3 Minuten.

4 Parmesan mit einer Reibe fein raspeln und in der Spinatpfanne vermengen. Die Speise wird nun mit Salz, Pfeffer und Muskat gewürzt.

5 Tomaten waschen und halbieren. Im restlichen Öl und dem darin aufgelösten Zucker karamellisieren sie circa 30 - 45 Sekunden in einem kleinen Topf.

6 Tagliatelle mit dem Spinat mischen und die Tomaten on top geben.

FRITTATA

4 Pers. 30 Min. Leicht

Zutaten

75 g Ricotta
50 g Kochschinken
50 g Kirschtomaten
20 g Parmesan
5 Eier
1 Zwiebel
1 Knoblauchzehe
1 Zucchino
½ rote Paprika
3 EL Olivenöl
1 EL frisch gehackte Petersilie
1 Prise Salz
1 Prise Pfeffer

Küchenutensilien

1 Reibe
1 Pfanne
1 Schüssel
1 Schneebesen
1 Teller

Nährwerte

246 kcal
6 g Kohlenhydrate
18 g Fett
18 g Eiweiß

1 Zwiebel schälen und zu Ringen schneiden. Knoblauch schälen und pressen. Paprika putzen, entkernen und zu Streifen verarbeiten. Zucchino putzen und mit der Reibe raspeln. Tomaten waschen und vierteln. Schinken abtupfen und würfeln.

2 Das Öl in einer Pfanne aufheizen und die Zwiebeln sowie den Knoblauch darin glasig dünsten. Zucchinostücke und Paprikastreifen hinzufügen und die Petersilie unterheben. Alles dünstet 3 Minuten. Folglich werden Schinkenwürfel und Tomatenviertel dazugegeben.

3 In einer Schüssel werden die aufgeschlagenen Eier und der Ricotta mittels Schneebesen verrührt. Das Ganze wird gewürzt und in die Pfanne gegossen.

4 Das Ei soll langsam stocken, dies wird circa 5 Minuten dauern. Teller auf die Pfanne legen und beides umdrehen. Sie wird gewendet und erneut für 3 Minuten in die Pfanne gegeben. Parmesan reiben und über der Frittata verstreuen. Die Eierspeise soll goldbraun sein.

PASTA KYPRIAKA

2 Pers. 30 Min. Leicht

Zutaten

600 g gelbe Tomaten
200 g Kritharaki (Reisnudeln)
40 g Halloumi
1 l Wasser
2 Knoblauchzehen
½ Bund Petersilie
2 EL Olivenöl
1 Prise Meersalz
1 Prise frisch gemahlener schwarzer Pfeffer

Küchenutensilien

1 Topf
1 Pfanne
1 Reibe

Nährwerte

559 kcal
81 g Kohlenhydrate
20 g Fett
19 g Eiweiß

1 Tomaten waschen und leicht einschneiden. Sie blanchieren für 1 Minute in einem Topf mit 500 ml kochendem Wasser. So wird die Haut folglich einfacher abgezogen. Die Tomaten halbieren, das wässrige Innere entfernen und das Tomatenfleisch zu Streifen schneiden.

2 Knoblauch schälen und zu feinen Scheiben schneiden. In heißem Öl brät dieser circa 3 Minuten in einer Pfanne goldgelb an.

3 Petersilie waschen und trocken tupfen. Ein paar Blätter für die Garnitur verlesen, den Rest fein hacken. Die gehackte Petersilie brät die letzten 2 Minuten in der Pfanne mit.

4 Tomaten und 500 ml Wasser dazugeben und die Reisnudeln einrühren. Alles köchelt etwa 15 Minuten. Die Soße sollte eindicken, die Kritharaki bissfest sein.

5 Halloumi reiben. ¾ des geriebenen Käses werden mit je 1 Prise Salz und Pfeffer in der Pasta vermischt. Den restlichen Käse sowie die Petersilienblätter vor dem Servieren darüberstreuen.

GRÜNE FARFALLE

4 Pers. | 20 Min. | Leicht

Zutaten

400 g Farfalle
120 g Rucola
100 g Parmesan
100 g Pistazienkerne
500 ml Wasser
2 Zitronen
6 EL Olivenöl
1 Prise Salz

Küchenutensilien

1 Topf
1 Sieb
1 Standmixer

Nährwerte

473 kcal
58 g Kohlenhydrate
22 g Fett
17 g Eiweiß

1 Die Farfalle kochen im leicht gesalzenen Wassertopf gemäß der Anleitung. Anschließend tropfen sie in einem Sieb ab. Dabei sollen 2 EL Kochwasser aufgefangen werden.

2 Rucola waschen, verlesen und bis auf ein paar Blätter alles in einen Standmixer geben. Zitrone heiß abspülen und von der gesamten Schale Abrieb erzeugen. Dieser landet mit dem ausgepressten Zitronensaft im Mixer. Das Kochwasser und das Öl angießen. Parmesan reiben. ¾ des Käses und ¾ der fein gehackten Pistazien landen im Standmixer. Alles wird zu einem glatten Pesto püriert.

3 Die Pasta mit der Soße gut vermischen. Darüber werden die restlichen Pistazien, ein paar Blätter Rucola und der übrige Käse verteilt.

MUJADARA

2 Pers. 45 Min. Leicht

Zutaten

150 g braune Linsen
150 g Bulgur
215 ml Olivenöl
2 Zwiebeln
4 EL Joghurt
2 EL Kreuzkümmelsamen
1 Prise Salz
1 Prise Pfeffer

Küchenutensilien

1 Topf
1 große Pfanne

Nährwerte

408 kcal
56 g Kohlenhydrate
16 g Fett
16 g Eiweiß

1 In einen kleinen Topf werden 200 ml Olivenöl eingefüllt. Eine Zwiebel schälen und zu feinen Streifen schneiden. Bei 180 °C werden die Zwiebelstreifen goldbraun frittiert.

2 Derweil wird die zweite Zwiebel geschält und fein gehackt. Im restlichen Öl schwitzen diese Zwiebeln mit dem Kreuzkümmel circa 5 Minuten an.

3 Bulgur und Linsen dazugeben und 1 Liter Wasser angießen. Das Ganze köchelt etwa 20 - 22 Minuten, bis die Flüssigkeit verdampft ist. Der Pfanneninhalt wird noch gesalzen und gepfeffert.

4 Vor dem Servieren werden 2 EL Joghurt und die Hälfte der Röstzwiebeln on top gegeben.

RICOTTAPASTA

2 Pers. 20 Min. Leicht

Zutaten

400 g Nudeln nach Wahl
200 g Ricotta (oder Frischkäse)
200 g Sahne
4 Tomaten
1 Salbeizweig (oder 1 TL getrockneter Salbei)
2 EL Olivenöl
2 Prisen Salz
1 Prise Pfeffer

Küchenutensilien

1 Topf
1 Sieb
1 Pfanne
1 Schüssel

Nährwerte

752 kcal
75 g Kohlenhydrate
40 g Fett
21 g Eiweiß

1 In einem Topf wird das leicht gesalzene Wasser für die Nudeln aufgekocht. Sie garen entsprechend der Verpackungsangabe. Folglich tropfen die Teigwaren im Sieb ab.

2 Tomaten waschen, deren Blütenansatz und wässriges Innere entfernen sowie zu feinen Würfeln verarbeiten.

3 Salbei waschen, abtrocknen und fein hacken. In 1 EL erhitztem Öl röstet er in einer Pfanne leicht an. Sobald sich das Aroma entfaltet, Ricotta dazugeben. Bei leichtem Umrühren verflüssigt sich dieser.

4 Sahne dazugießen und alles mit 1 Prise salzen sowie pfeffern.

5 Nudeln in einer Schüssel im restlichen Öl schwenken. Darauf wird die Soße geträufelt. Final landen die Tomatenwürfel on top.

GEMÜSENUDELN

1 Pers. 30 Min. Leicht

Zutaten

80 g Penne
400 ml Wasser
1 Zucchino
1 rote Paprika
1 gelbe Paprika
1 Knoblauchzehe
3 EL Sahne
3 EL geriebener Parmesan
1 EL Olivenöl
1 TL getrockneter Oregano
1 Prise Salz
1 Prise Pfeffer

Küchenutensilien

1 Topf
1 Sieb
1 Pfanne

Nährwerte

477 kcal
55 g Kohlenhydrate
25 g Fett
15 g Eiweiß

1 Die Nudeln garen in einem Kochtopf mit gesalzenem Wasser gemäß der Verpackung bissfest. Sie tropfen anschließend in einem Sieb ab.

2 Paprika putzen, halbieren und von den Kernen befreien. Sie werden klein gewürfelt. Zucchino putzen und ebenso zu feinen Würfeln schneiden. Knoblauch schälen und fein hacken.

3 In einer Pfanne das Öl auf Temperatur bringen. Darin dünstet der Knoblauch 2 Minuten an. Gemüse hinzugeben und bissfest kochen.

4 Penne in der Pfanne anrühren und die Sahne untermischen. Das Ganze mit den Gewürzen abschmecken und abschließend mit dem Parmesan bestreuen.

COUSCOUSPFANNE

4 Pers. 30 Min. Leicht

Zutaten

200 g Couscous
100 g Ziegenfrischkäse
10 Tomaten (getrocknet, in Öl)
10 schwarze Oliven
1 Zucchino
1 Zwiebel
1 Knoblauchzehe
2 EL Pesto
1 EL Kapern
1 EL Zitronensaft
1 EL Ahornsirup
1 TL getrocknete Kräuter der Provence
1 Prise Salz
1 Prise Pfeffer
1 Schuss Balsamessig

Küchenutensilien

1 Topf
1 Sieb
1 Schüssel
1 Pfanne
Backofen

Nährwerte

292 kcal
32 g Kohlenhydrate
13 g Fett
9 g Eiweiß

1 Entsprechend der Packungsanleitung quellt der Couscous in einem Topf.

2 Knoblauch und Zwiebel schälen sowie fein hacken. Die Tomaten tropfen in einem Sieb über einer Schüssel ab. Das Öl wird aufgefangen. Folglich werden sie klein geschnitten. Zucchino putzen sowie mundgerecht stückeln.

3 In einer Pfanne 2 EL des Tomatenöls erhitzen. Darin schwitzen Zwiebel und Knoblauch an. Zucchino dazugeben. Unter gelegentlichem Umrühren soll sie Farbe bekommen. Danach werden Tomate, Kapern sowie Oliven dazugegeben. Alles köchelt 2 Minuten gut vermengt.

4

5 Backofen auf 200 °C Ober- / Unterhitze einstellen. Pesto unterrühren und alles mit Salz, Pfeffer und Kräutern würzen. Essig, Sirup sowie Zitronensaft angießen. Jetzt wird der Couscous untergerührt. Frischkäse darauf verteilen. Das Ganze backt jetzt 10 Minuten.

ÜBERBACKENE TOMATEN

4 Pers. | 30 Min. | Leicht

Zutaten

40 g geriebener Parmesan
4 Tomaten (möglichst groß)
2 Knoblauchzehen
3 EL Olivenöl
2 EL Semmelbrösel
2 EL Thymianblättchen
2 EL Basilikumblätter
1 Prise Salz
1 Prise Pfeffer

Küchenutensilien

1 Auflaufform
1 Schüssel
Backofen

Nährwerte

201 kcal
3 g Kohlenhydrate
19 g Fett
6 g Eiweiß

1 Als Erstes wird eine Auflaufform mit 1 EL Öl eingefettet. Knoblauch schälen und fein hacken.

2 Tomaten waschen, deren Blütenansatz herausschneiden sowie zu dünnen Scheiben verarbeiten. Sie werden fächerförmig auf dem Boden der Form ausgelegt.

3 Backofen auf 200 °C Ober- / Unterhitze einstellen. Kräuter waschen, trocken schütteln und klein hacken. In einer Schüssel wird aus dem übrigen Öl, Parmesan und Semmelbröseln sowie Salz, Pfeffer und Knoblauch eine Masse gemischt. Diese verteilt sich gleichmäßig auf den Tomaten.

4 Nun backt das Ganze etwa 20 Minuten.

BROKKOLI-QUICHE

4 Pers. | 40 Min. | Leicht

Zutaten

200 g Brokkoli
200 g Crème fraîche
150 g (Nuss-)Salami
100 g geriebener Käse
100 ml Milch
6 Eier
1 Packung Quicheteig (oder Tarteteig)
1 Zwiebel
1 Knoblauchzehe
1 Prise frisch geriebener Muskat
1 Prise Salz
1 Prise Pfeffer

Küchenutensilien

1 Springform
1 Schüssel
Backofen

Nährwerte

482 kcal
11 g Kohlenhydrate
37 g Fett
28 g Eiweiß

1 Den Teig ausrollen und in eine Springform einpassen.

2 Salami trocken tupfen sowie klein schneiden. Zwiebel und Knoblauch schälen sowie fein hacken. Brokkoli abspülen, abtrocknen und dessen Röschen teilen.

3 Mit den Zutaten aus Schritt 2 wird nun der Teigboden gleichmäßig belegt.

4 Backofen auf 200 °C Ober- / Unterhitze aufheizen. Bis auf den Käse werden die restlichen Zutaten in einer Schüssel für eine Creme angerührt. Damit wird die Ofenform aufgefüllt. Den Käse gleichmäßig on top verteilen.

5 Die Quiche backt nun etwa 30 Minuten im Ofen. Sie darf frisch und warm sowie auch später kalt genossen werden.

VEGETARISCHE LASAGNE

4 Pers. | 45 Min. | Leicht

Zutaten

500 g Zucchini
500 g Champignons
200 g Hüttenkäse
75 g geriebener Parmesan
12 Lasagneplatten
2 Packungen passierte Tomaten
2 Zwiebeln
2 Knoblauchzehen
1 EL Pflanzenöl
1 EL getrocknete mediterrane Kräuter (oder ¼ frischer Bund)
1 TL Salz
1 TL Pfeffer

Küchenutensilien

1 Topf
1 Auflaufform
Backofen

Nährwerte

742 kcal
65 g Kohlenhydrate
29 g Fett
55 g Eiweiß

1 Zucchini putzen und würfeln. Knoblauch sowie Zwiebel schälen und fein würfeln.

2 In einem Topf dünsten Zwiebel und Knoblauch für 1 - 2 Minuten im heißen Öl an. Folglich wird die Zucchini hinzugefügt. Alles köchelt 10 Minuten im eigenen Saft.

3 Tomaten angießen und den Hüttenkäse untermischen. Jetzt wird der Topf gesalzen und gepfeffert.

4 Backofen auf 180 °C Ober- / Unterhitze aufheizen. In einer Auflaufform werden nun abwechselnd Lasagneblätter und Topfinhalt geschichtet. Zwischen den Schichten wird ein wenig Parmesan gestreut. Der Käse fungiert auch als finales Topping. Die Lasagne backt etwa 30 Minuten.

ZUCCHINIPFANNE

4 Pers. 25 Min. Leicht

Zutaten

300 g Schafskäse
250 g Nudeln nach Wahl
250 g Rinderhackfleisch
50 ml Milch
2 Tomaten
2 Zucchini
1 Zwiebel
1 EL Tomatenmark
1 TL getrockneter Rosmarin
1 TL getrockneter Thymian
2 Prisen Salz
1 Prise Pfeffer

Küchenutensilien

1 Topf
1 Sieb
1 Pfanne

Nährwerte

721 kcal
57 g Kohlenhydrate
38 g Fett
39 g Eiweiß

1 Die Nudeln garen im Topf mit leicht gesalzenem Wasser entsprechend der Angabe auf der Verpackung. Sie tropfen anschließend in einem Sieb ab.

2 Derweil brät das Hackfleisch ohne zusätzliches Fett in einer Pfanne an. Es soll sich bräunlich färben. Zwiebel schälen und fein hacken. Die Zwiebelstücke landen in der Fleischpfanne.

3 Tomate waschen, Blütenansatz herausschneiden und das Tomatenfleisch klein schneiden. Zucchini putzen sowie zu mundgerechten Stücken verarbeiten.

4 Zucchini der Pfanne beimengen und alles mit je 1 Prise salzen sowie pfeffern. Thymian sowie Rosmarin hinzufügen und alles verrühren. Den Feta grob zerbröseln.

5 Tomaten und Schafskäse in die Hackpfanne geben. Wenn der Käse sich langsam verflüssigt, werden die Nudeln untergemischt.

6 Milch und Tomatenmark unterrühren. Das Ganze erwärmt gemeinsam noch einmal 2 - 3 Minuten.

Vegane Speisen für unterwegs

Da die Mittelmeerküche eine gewisse Leichtigkeit begleitet, darf eine Auswahl an aufpeppenden veganen Gerichten nicht fehlen. Gerade im Berufsalltag benötigt man nicht noch ein Mittagstief durch zu deftige Speisen. Manchmal hilft da ein kleiner Snack, mitunter lockt die mediterrane Küchenkreativität von daheim auch in der Vorratsbox unterwegs.

GEBRATENE CHAMPIGNONS

4 Pers. | 20 Min. | Leicht

Zutaten

500 g Champignons
1 Zwiebel
1 Knoblauchzehe
1 EL Zitronensaft
½ TL getrockneter Oregano
½ TL gehackte Petersilie
1 Prise Salz
1 Prise Pfeffer
ein Spritzer Weißwein

Küchenutensilien

1 Pfanne

Nährwerte

37 kcal
2 g Kohlenhydrate
1 g Fett
6 g Eiweiß

1 Pilze sanft putzen und zu Würfeln verarbeiten. Zwiebel schälen und ebenso würfeln. Knoblauch schälen und fein hacken.

2 Das Öl wird in einer Pfanne erhitzt. Darin braten Zwiebeln und Knoblauch für 2 Minuten an. Pilze hinzufügen und alles 10 - 12 Minuten garen.

3 Zitronensaft und Weißwein untermischen und die Gewürze verrühren. Final köchelt alles nochmals 2 Minuten zusammen.

GAZPACHO

6 Pers. 25 Min Leicht

Zutaten

500 g Kirschtomaten
750 ml passierte Tomaten
250 ml Gemüsebrühe
75 ml Olivenöl
50 ml heller Balsamessig
2 Knoblauchzehen
1 grüne Paprika
1 rote Paprika
1 Gemüsezwiebel
1 Chili
½ Salatgurke
1 Prise Salz
1 Prise Pfeffer
1 Prise Zucker

Küchenutensilien

1 Schüssel

Nährwerte

266 kcal
18 g Kohlenhydrate
20 g Fett
4 g Eiweiß

1 Paprika putzen, entkernen und klein stückeln. Zwiebel und Knoblauch schälen sowie andrücken. Chili putzen, von Kernen befreien und klein schneiden. Gurke putzen und zu kleinen Stücken verarbeiten.

2 In einer Schüssel wird das Gemüse vermischt. Brühe und Tomaten darübergießen. Essig, Öl und Chili hinzufügen und mit dem angedrückten Knoblauch vermengen. Das Ganze wird mit den Gewürzen abgeschmeckt.

Tipp: Wer möchte, darf die Hälfte der Gemüsewürfel außen vor lassen und den Schüsselinhalt erst einmal im Standmixer pürieren. Final werden die zur Seite gelegten Stücke eingelegt. Dazu passt perfekt geröstetes Bauernbrot.

GRILLGEMÜSE

4 Pers. | 30 Min. | Leicht

Zutaten

50 g Rosinen
50 g Pinienkerne
4 Zwiebeln
3 getrocknete Lorbeerblätter
1 Zucchino
1 Aubergine
1 gelbe Paprika
1 rote Paprika
15 EL Olivenöl
10 EL Rotweinessig
1 ½ EL Salz
1 Prise frisch gemahlener schwarzer Pfeffer

Küchenutensilien

1 Topf
1 Pfanne
Küchenpapier
Backofen

Nährwerte

382 kcal
26 g Kohlenhydrate
26 g Fett
9 g Eiweiß

1 Paprika putzen, zu Vierteln verarbeiten und deren Kerne sowie Häutchen entfernen. Zucchino und Aubergine putzen sowie zu circa 5 mm dicken Scheiben schneiden. Die Aubergine wird mit dem Salz eingerieben und zieht etwa 10 Minuten. Folglich werden die Auberginenscheiben abgespült und trocken getupft.

2 In einem Topf wird derweil das Öl für die Marinade langsam erhitzt. Zwiebeln schälen sowie zu Ringen verarbeiten. Die Zwiebelringe schwitzen bei häufigem Umrühren mit den Rosinen und dem Lorbeer etwa 10 Minuten.

3 Backofen auf die Grillstufe aufheizen. Darin backen die mit jeweils 2 Prisen Salz und Pfeffer gewürzten Gemüsestücke nun 3 Minuten, werden gewendet und backen abermals 3 Minuten.

4 Währenddessen rösten die Pinienkerne in einer Pfanne ohne Fett goldbraun.

5 Werden die Zwiebeln leicht bräunlich, wird der Essig hinzugefügt. Pinienkerne einstreuen und den Topf vom Herd nehmen. Die Lorbeerblätter entnehmen und die Marinade über das Gemüse gießen.

QUINOAPFANNE

2 Pers. 25 Min. Leicht

Zutaten

150 g Quinoa
100 g Erbsen (TK)
300 ml Gemüsebrühe
3 Tomaten (getrocknet, in Öl)
2 Möhren
1 Bund mediterrane Kräuter
2 EL Olivenöl
½ TL Salz
½ TL Pfeffer

Küchenutensilien

1 Sieb
1 Pfanne mit Deckel

Nährwerte

480 kcal
53 g Kohlenhydrate
20 g Fett
20 g Eiweiß

1 Möhren putzen, der Länge nach vierteln und zu Würfeln schneiden. Kräuter waschen, trocken schütteln und klein hacken. Die Quinoa wird in einem Sieb abgespült und tropft darin ab.

2 Derweil wird das Öl in einer Pfanne erhitzt. Darin dünsten die Möhren unter stetem Umrühren circa 1 Minute. Folglich dünsten die Kräuter ebenfalls unter ständigem Umrühren mit.

3 Quinoa hinzufügen und die Brühe angießen. Alles kocht auf. Anschließend köchelt das Ganze zugedeckt 12 - 15 Minuten. Nach der Hälfte der Garzeit werden die Erbsen beigemengt.

4 Währenddessen tropfen die Tomaten im Sieb ab. Sie werden folglich klein geschnitten. Die Pfanne wird mit Salz und Pfeffer gewürzt und mit den Tomaten bestreut.

Tipp: Mit 30 g geriebenem Bergkäse bietet sich diese Speise auch als vegetarische Alternative an.

AUBERGINENGULASCH

2 Pers. 25 Min. Leicht

Zutaten

400 g stückige Tomaten (etwa 1 Dose)
100 ml Wasser
1 Aubergine
1 Bund Frühlingszwiebeln
1 rote Paprika
2 EL Olivenöl
2 EL Pesto
1 TL edelsüßes Paprikapulver
½ TL Kreuzkümmel
1 TL Vollrohrzucker
1 Schuss Rotwein
1 Prise Salz
1 Prise Pfeffer

Küchenutensilien

1 Pfanne mit Deckel

Nährwerte

275 kcal
16 g Kohlenhydrate
18 g Fett
8 g Eiweiß

1 Aubergine putzen sowie zu etwa 1 cm dicken Scheiben verarbeiten. Sie wird danach zu Würfeln geschnitten. Frühlingszwiebeln putzen sowie zu Ringen schneiden. Paprika putzen, halbieren und deren Häutchen sowie Kerne entnehmen. Die Schote wird gewürfelt.

2 In einer Pfanne wird das Öl erhitzt. Für 3 Minuten werden die Auberginenwürfel darin bei stetem Umrühren scharf angebraten. Pesto untermischen sowie Paprika und Frühlingszwiebel dazugeben. Alles köchelt weitere 3 Minuten.

3 Die Pfanne würzen und mit dem Rotwein veredeln. Jetzt landen die Tomaten und das Wasser im Gericht. Zugedeckt schmort alles etwa 8 - 10 Minuten.

Tipp: Mittels 3 - 4 EL Sahnejoghurt wandelt sich die Speise zu einer cremigen, vegetarischen Adaption.

SPINATRISOTTO

4 Pers. | 30 Min. | Leicht

Zutaten

250 g Blattspinat (TK)
250 g Risottoreis
750 ml Wasser
50 ml trockener Weißwein (oder Gemüsebrühe)
2 Knoblauchzehen
1 Zwiebel
3 EL Olivenöl
½ TL getrockneter Oregano
1 Prise frisch geriebener Muskat
1 Prise Salz
1 Prise Pfeffer

Küchenutensilien

1 Topf
1 Pfanne
1 Knoblauchpresse

Nährwerte

251 kcal
24 g Kohlenhydrate
16 g Fett
3 g Eiweiß

1 In einem Topf kocht der Spinat für 1 – 2 Minuten in 250 ml Wasser. Er wird anschließend in einem Sieb abgeschreckt und tropft darin ab. Zudem wird der Spinat bestmöglich ausgedrückt.

2 Zwiebel schälen sowie fein würfeln. Sie dünsten in 2 EL heißem Öl in einer Pfanne an. Spinat hacken und den Zwiebeln beimengen. Knoblauch schälen und in den Zwiebel-Spinat auspressen. Der Pfanneninhalt wird nun gesalzen und mit Muskat gewürzt. Unter stetem Rühren gart alles circa 3 Minuten.

3 In dem Topf röstet der Reis im restlichen Öl kurz an. Jetzt wird der Wein angegossen. Ist dieser verdampft, werden 500 ml Wasser und der Spinat hinzugefügt. Alles köchelt zugedeckt nun etwa 12 bis 15 Minuten.

Tipp: Für ein cremiges Risotto lässt sich die vegane Speise in ein vegetarisches Gericht wandeln. Dafür werden 6 EL Sahne und 100 g klein geschnittener Blauschimmelkäse benötigt. Alternativ funktioniert dies ebenso mit 20 g Butter und 50 g geriebenem Parmesan.

TOMATEN-KOKOS-SUPPE

4 Pers. | 10 Min. | Leicht

Zutaten

1 kg passierte Tomaten
300 ml Wasser
200 ml Kokosmilch
5 Schnittlauchstängel
1 Ei
½ TL getrocknete italienische Kräuter
1 Prise edelsüßes Paprikapulver
1 Prise Muskatpulver
1 Prise Knoblauchpulver
1 Prise Ingwerpulver
1 Prise Salz
1 Prise Pfeffer

Küchenutensilien

1 Topf
1 Schneebesen
1 Schüssel

Nährwerte

266 kcal
15 g Kohlenhydrate
19 g Fett
7 g Eiweiß

1 In einem Topf werden Wasser, Milch und Tomaten zusammengeführt und mittels Schneebesen gut verrührt. Die Suppe kocht folglich auf.

2 In einer Schüssel wird das aufgeschlagene Ei mit 5 EL Suppe gemischt. Die Mischung wird in die Tomatensuppe eingerührt. Alles köchelt circa 10 Minuten.

3 Gewürze einstreuen und alles gut umrühren. Auf mittlerer Stufe köchelt das Ganze weitere 5 Minuten.

4 Vor dem Servieren Schnittlauch waschen, trocknen und klein schneiden. Damit wird die Suppe bestreut. In der Regel wird dazu frisches Baguette gereicht.

MAROKKANISCHE NUDELN

2 Pers. | 25 Min. | Leicht

Zutaten

280 g Artischockenherzen (etwa ½ Glas)
150 g Vermicelli (oder andere Reisnudeln)
75 g Oliven (in Öl)
2 Knoblauchzehen
1 Dose Eiertomaten
2 Prisen Salz
1 Prise frisch gemahlener schwarzer Pfeffer

Küchenutensilien

1 Topf
1 Pfanne
1 feines Sieb

Nährwerte

548 kcal
73 g Kohlenhydrate
25 g Fett
10 g Eiweiß

1 Die Reisnudeln werden gemäß der Packungsvorgabe in einem Topf mit leicht gesalzenem Wasser gegart. Sie tropfen anschließend in einem Sieb ab.

2 Knoblauch schälen und fein hacken. Oliven eventuell entsteinen. Beides brät inklusive Olivenmarinade in einer Pfanne an. Artischockenherzen und 2 EL des eigenen Öls dazugeben und das Gemüse goldgelb braten.

3 Tomaten durch ein Sieb in die Pfanne pressen und alles salzen sowie pfeffern. Die Soße köchelt nun 3 - 5 Minuten ein. Folglich werden die Nudeln untergemischt.

BRATKARTOFFELN

2 Pers. | 30 Min. | Leicht

Zutaten

400 g Kartoffeln (festkochend)
500 ml Wasser
4 Thymianstiele
4 Rosmarinstiele
2 Knoblauchzehen
1 Chili
1 ½ EL Olivenöl
1 TL Salz
1 TL frisch gemahlener Pfeffer

Küchenutensilien

1 Topf
1 Pfanne

Nährwerte

265 kcal
34 g Kohlenhydrate
12 g Fett
4 g Eiweiß

1 Kartoffeln putzen und mit Schale in einem Topf in leicht gesalzenem Wasser circa 12 - 15 Minuten garen. Anschließend abgießen, unmittelbar halbieren und die Schnittflächen salzen sowie pfeffern.

2 In einer Pfanne wird 1 EL Öl erhitzt. Mit der Schnittfläche nach unten braten die Kartoffeln etwa 3 Minuten. Knoblauch schälen und andrücken. Kräuter waschen und trocken schütteln. Beides landet in der Pfanne.

3 Chili putzen, der Länge nach halbieren und entkernen. Die Schote wird klein gewürfelt und dem Pfannengericht hinzugefügt. Jetzt wird alles gemischt.

4 Die Bratkartoffeln braten weitere 5 Minuten und werden mehrmals geschwenkt. Knoblauch sowie Kräuter entnehmen. Vor dem Servieren wird das Ganze mit dem Rest Olivenöl beträufelt.

GEMÜSEPFANNE

2 Pers. 30 Min. Leicht

Zutaten

4 Tomaten
2 Zwiebeln
2 Knoblauchzehen
1 Aubergine
1 Zucchino
1 Bund Frühlingszwiebeln
1 Dose Tomatenmark
1 ½ EL Gemüsebrühe
1 EL rosenscharfes Paprikapulver
1 EL getrockneter Rosmarin
1 EL Olivenöl
½ EL getrockneter Thymian

Küchenutensilien

1 Pfanne
1 Schüssel
Küchenpapier

Nährwerte

314 kcal
26 g Kohlenhydrate
19 g Fett
5 g Eiweiß

1 Auberginen waschen sowie zu circa 2 cm dicken Scheiben verarbeiten. Sie werden gesalzen und nach 10 Minuten mit Küchenpapier abgetupft. Jetzt wird die Eierfrucht zu etwa 2 cm großen Würfeln geschnitten.

2 Zucchino putzen sowie zu ebenso 2 cm großen Würfeln schneiden. In einer Pfanne mit dem erhitzten Öl rösten sie kurz scharf an.

3 Derweil wird die Brühe mit dem Tomatenmark in einer Schüssel zu einer Art flüssigem Ketchup verrührt.

4 Zwiebeln schälen und zu Ringen schneiden. Sie braten in der Pfanne an. Tomaten waschen, deren Blütenansatz trennen und das Fruchtfleisch zu Würfeln verarbeiten. Auch die Tomatenwürfel landen beim Gemüse. Bevor die Tomaten verkochen, wird die Soße angegossen.

5 Knoblauch schälen und in die Pfanne pressen. Jetzt werden die Gewürze untergemischt. Bei niedriger Temperatur köchelt alles noch so lange, bis die Flüssigkeit entweder sämig oder nach Vorliebe auch verkocht ist.

Raffinierte Basiszutaten

Unerlässlich für die Zubereitung von mediterranen Speisen und die Varianz an Gerichten erweist sich so manche Grundkomponente. Pasta, Reis oder die Gemüsepfanne – aber auch das einfache Sandwich werden mittels folgender Rezepte veredelt. Das Gute daran: Alle diese Raffinessen werden im Vorfeld in ausreichender Menge für mehrere Verwendungsmöglichkeiten zubereitet. So bedarf es nur einiger Vorratsgläser und schon ist der Grundstock für die nächsten aromatischen Mahlzeiten gesichert.

PESTO GENOVESE

500 g | 20 Min. | Leicht

Zutaten

200 g Basilikum
125 g Hartkäse (bspw. Parmesan oder Pecorino)
60 g Pinienkerne
450 ml Olivenöl
200 ml Wasser
4 Knoblauchzehen
1 Prise Salz

Küchenutensilien

1 Topf
1 Sieb
1 Standmixer

Nährwerte

154 kcal
1 g Kohlenhydrate
17 g Fett
2 g Eiweiß

1 Basilikum waschen, trocken schütteln sowie dessen Blätter abzupfen. Sie werden in einem Topf in heißem Wasser maximal 10 Sekunden blanchiert. Folglich werden sie mit Eiswasser abgeschreckt und tropfen im Sieb ab. Die Basilikumblätter sollen nun ausgedrückt werden.

2 Knoblauch schälen sowie etwa 1 Minute im Wassertopf blanchieren. Auch sie werden anschließend mit Eiswasser abgeschreckt.

3 Mittels Standmixer werden das klein geschnittene Basilikum, Knoblauch und Kerne samt dem Öl püriert.

4 Der Käse wird mit einer Reibe fein geraspelt und dem Pesto untergehoben. Final wird das Ganze mit dem Salz veredelt.

TOMATENSOẞE

6 Gl. á 200 ml | 30 Min. | Leicht

Zutaten

700 g Tomaten
400 g gelbe Paprika
250 g Gelierzucker (3:1)
100 g schwarze Oliven
100 ml heller Balsamessig
2 Zwiebeln
1 EL Olivenöl
1 TL Salz
1 TL Pfeffer

Küchenutensilien

6 Vorratsgläser
1 Topf

Nährwerte

56 kcal
10 g Kohlenhydrate
2 g Fett
1 g Eiweiß

1 Zwiebel schälen sowie fein hacken. Paprika putzen, halbieren und entkernen. Die Schoten werden klein gewürfelt. Tomaten waschen, deren Blütenansatz herausschneiden und das Tomatenfleisch klein würfeln. Oliven entsteinen und zu Scheiben verarbeiten.

2 In einem Topf wird das Öl auf Temperatur gebracht. Darin dünsten Zwiebel und Paprika für 2 Minuten an. Tomaten, Oliven sowie Essig hinzufügen.

3 Gelierzucker einstreuen und alles gut mischen. Das Ganze köchelt nun bei gelegentlichem Umrühren etwa 15 Minuten.

4 Tomatensoße mit Gewürzen abschmecken. Sie wird folglich in die heiß ausgespülten Gläser gefüllt. Die Soße steht nun etwa 5 Minuten auf dem Deckel.

KRÄUTERBUTTER

1 Butterrolle | 5 Min. | Leicht

Zutaten

250 g weiche Butter
1 Knoblauchzehe
1 Packung 8-Kräuter-Mischung (oder frisch gehackte Kräuter nach Wahl)
1 Prise Salz

Küchenutensilien

1 Schüssel
1 Schneebesen
1 Handmixer
Frischhaltefolie

Nährwerte

117 kcal
1 g Kohlenhydrate
13 g Fett
1 g Eiweiß

1 In einer Schüssel wird die weiche Butter mittels Schneebesen schaumig geschlagen.

2 Knoblauch schälen und dahinein auspressen. Kräuter hinzugeben und alles mit dem Handmixer mischen. Folglich wird die Masse mit Salz abgeschmeckt.

3 Auf der Frischhaltefolie wird die Masse zu einer Rolle ausgeformt. Das Ganze landet im Kühlschrank und darf bei Gebrauch zurechtgeschnitten werden. Sie hält etwa 2 Wochen im Kühlschrank und eignet sich sogar zum Einfrieren.

DUKKAH

1 Gl. 400 ml | 20 Min. | Leicht

Zutaten

50 g Haselnüsse
25 g Cashewkerne
25 g Pinienkerne
4 EL Sesam
3 EL Koriandersamen
2 EL Schwarzkümmelsamen
2 EL Sonnenblumenkerne
1 EL Kreuzkümmelsamen
2 TL Fenchelsamen
2 TL Meersalz
1 ½ TL Pfefferkörner
1 TL getrocknete Chiliflocken
1 TL getrockneter Thymian

Küchenutensilien

1 Pfanne
1 Mixer
1 Vorratsglas

Nährwerte

62 kcal
2 g Kohlenhydrate
6 g Fett
3 g Eiweiß

1 Als Erstes werden die Cashewkerne und Haselnüsse grob gehackt. Beides röstet mit den Pinienkernen ohne Fett in einer Pfanne an. Es soll ein duftendes Aroma entstehen. Alles kühlt aus.

2 Derweil rösten Sesam und Schwarzkümmel ebenso in der Pfanne. Auch sie kühlen außerhalb der Pfanne ab.

3 Im dritten Schritt rösten Kreuzkümmel, Pfeffer und Koriander mit den Sonnenblumenkernen bei mittlerer Hitze.

4 Final wird alles in einem Mixer zerkleinert und anschließend in das heiß ausgespülte Glas gefüllt.

ARRABIATA

4 Pers. 35 Min. Leicht

Zutaten

120 g Mozzarella
4 Knoblauchzehen
3 rote Chili
1 Dose Eiertomaten
1 Bund Basilikum
1 Oreganozweig
2 EL Olivenöl
1 Prise Salz
1 Prise Pfeffer

Küchenutensilien

1 Pfanne
1 Sieb

Nährwerte

174 kcal
5 g Kohlenhydrate
14 g Fett
8 g Eiweiß

1 Knoblauch schälen und fein hacken. Oregano sowie Basilikum waschen, trocken schütteln und ebenso fein hacken. Chili putzen, deren Kerne entfernen und die Schote klein schneiden.

2 In einer Pfanne dünsten Knoblauch und Chili im erhitzten Öl circa 3 Minuten an.

3 Tomaten dazugeben und umrühren. Alles köchelt etwa 15 Minuten. Der Mozzarella tropft derweil in einem Sieb ab. Er wird folglich zu groben Stücken gerissen.

4 Oregano und Basilikum untermischen und das Ganze würzen. Als Letztes wird der Mozzarella untergehoben und sorgt für eine cremige Konsistenz.

FETA-CREME

4 Pers. 25 Min. Leicht

Zutaten

200 g Feta
125 g Crème fraîche
50 g schwarze Oliven (ohne Stein)
1 rote Paprika
1 Knoblauchzehe
1 TL getrockneter Thymian
1 TL getrocknetes Basilikum
1 TL getrockneter Rosmarin
1 Prise frisch gemahlener Pfeffer

Küchenutensilien

1 großer Rührbecher
1 Stabmixer

Nährwerte

213 kcal
2 g Kohlenhydrate
19 g Fett
10 g Eiweiß

1 Paprika putzen, halbieren sowie von Häutchen und Kernen befreien. Die Paprika findet ihren Platz in einem Rührbecher.

2 Oliven zu kleinen Stücken schneiden. Knoblauch schälen und fein würfeln. Knoblauch, die Gewürze sowie Crème fraîche und zerbröselter Feta landen bei der Paprika. Alles wird mit einem Stabmixer püriert.

3 Der pürierten Masse werden die feinen Olivenstücke untergerührt. Das Ganze wird mit Pfeffer abgeschmeckt.

AIOLI

16 Pers. | 20 Min. | Leicht

Zutaten

125 ml Rapsöl
125 ml Olivenöl
3 Knoblauchzehen
2 Eigelbe
1 Schuss Weißwein
1 Schuss Essig
1 Schuss Anisschnaps
1 Prise edelsüßes Paprikapulver
1 Prise Chilipulver
1 Prise frisch geriebener Muskat
1 Prise Salz
1 Prise frisch gemahlener Pfeffer
1 Spritzer Zitronensaft

Küchenutensilien

1 Schüssel
1 Standmixer

Nährwerte

145 kcal
1 g Kohlenhydrate
16 g Fett
1 g Eiweiß

1 Knoblauch schälen und fein hacken. In einer Schüssel werden die beiden Öle gemischt.

2 In einem Standmixer werden die Eier aufgeschlagen. Nach und nach das Mischöl in einem dünnen Strahl sehr langsam während des Mixens angießen.

3 Die restlichen Zutaten beimengen und alles gut durchmischen.

Bonus: Mediterrane Highlights

Auch wenn die schnelle Mittelmeerküche dieses Rezeptbuches den Fokus auf eine Zubereitungszeit von circa 30 Minuten legt, sollen einige Schmankerl nicht außen vor gelassen werden. Anders als zu traditionellen Zubereitungen sind folgende Vertreter auf eine effiziente Weise zuzubereiten und kosten in der Regel nur bis zu 15 Minuten mehr Zeitaufwand. Einige Vorschläge sind im Vorfeld gut planbar – dank Meal Prep lässt sich die Zeit der Zubereitung zum letztendlichen Zeitfenster des Verzehrs bestens kalkulieren. Und ein paar Ideen sind an Backzeiten gebunden, bei denen nicht vor dem Ofen gewartet werden muss.

FEIERABENDFISCH

2 Pers.

20 Min. + 35 Min. Backzeit

Leicht

Zutaten

400 g Fischfilet nach Wahl (bspw. Pangasius, Zander)
200 ml Olivenöl
20 ml Zitronensaft
5 ml Fischsoße
6 Knoblauchzehen
2 rote Zwiebeln
2 Süßkartoffeln
2 Kartoffeln
2 Möhren
2 Chili
1 TL frische Rosmarinnadeln
1 TL frisch gemahlener Koriander

Küchenutensilien

1 Auflaufform
1 Pfanne
Backofen

Nährwerte

558 kcal
23 g Kohlenhydrate
39 g Fett
28 g Eiweiß

1 Backofen auf 180 °C Ober- / Unterhitze einstellen. Beide Kartoffelsorten sowie die Möhren putzen, schälen und zu Würfeln schneiden. Zwiebeln und Knoblauch schälen. Eine Zwiebel wird zu feinen Ringen geschnitten. Knoblauch und zweite Zwiebel klein würfeln.

2 In einer Ofenform werden das Gemüse mit dem Rosmarin und circa 50 ml Öl vermischt. Das Ganze bleibt 15 Minuten im Backofen.

3 Derweil wird der Fisch abgespült, trocken getupft und ohne Fett scharf in einer Pfanne angebraten. Er wird zur Seite gelegt.

4 Im übrigen Öl werden die restliche Zwiebel und der Knoblauch kurz gedünstet. Chili putzen, deren Kerne entnehmen sowie die Schote klein schneiden. Sie landet in der Pfanne. Zitronensaft und Fischsoße dazugeben. Die Pfanne köchelt nun etwa 6 - 8 Minuten. In den letzten 2 Minuten den Koriander untermischen.

5 Fisch und Soße werden der Gemüseform im Ofen untergemischt. Folglich durchmischen und nochmals 10 Minuten im Grillmodus im Ofen garen.

GNOCCHIAUFLAUF

4 Pers. | 40 Min. | Leicht

Zutaten

500 g Gnocchi
250 g Baby-Blattspinat
200 g Sahne
50 g Parmesan
500 ml Wasser
2 Süßkartoffeln
2 Eier
1 Zwiebel
1 Knoblauchzehe
1 Bund Schnittlauch
½ Bund Basilikum
3 EL Olivenöl
2 EL Kresse
3 Prisen Salz
2 Prisen Pfeffer

Küchenutensilien

1 Topf
1 Sieb
2 Backbleche
Backofen

Nährwerte

596 kcal
54 g Kohlenhydrate
34 g Fett
15 g Eiweiß

1 Backofen auf 160 °C Ober- / Unterhitze aufheizen. Süßkartoffeln schälen sowie zu circa 3 mm dünnen Scheiben schneiden. Sie werden auf 2 Backbleche gelegt und mit 2 EL Öl bepinselt. Sie backen nun 15 Minuten im Ofen.

2 Derweil ziehen die Gnocchi in leicht gesalzenem Wasser in einem Topf für 2 – 3 Minuten. Sie tropfen anschließend im Sieb ab.

3 Knoblauch und Zwiebel schälen sowie zu kleinen Würfeln schneiden. Sie dünsten in einer Pfanne mit dem restlichen erhitzten Öl glasig an. Spinat hinzufügen. Er dünstet mit, bis er zerfällt. Alles mit je 1 Prise salzen und pfeffern.

4 In einer Auflaufform werden Gnocchi, Süßkartoffeln sowie der Spinat vermischt. Parmesan reiben.

5 Folglich wird in einer Schüssel aus aufgeschlagenen Eiern, Sahne und Parmesan eine Soße erschaffen. Diese wird ebenfalls mit 1 Prise Salz und Pfeffer gewürzt sowie gut verrührt. Sie wird folglich über den Inhalt der Ofenform gegossen.

6 Der Auflauf backt nun weitere 20 Minuten bei circa 180 °C Ober- / Unterhitze. Währenddessen werden sämtliche Kräuter gewaschen, trocken geschüttelt und fein gehackt. Sie werden final über den Gnocchiauflauf gestreut.

CREMA DI LIMONCELLO

6 Fl. á 500 ml | 15 Min. + 7 Tage Ziehzeit | Leicht

Zutaten

1 kg feiner Zucker
1 l 95%iger Alkohol
1 l Wasser
500 ml Sahne
7 Zitronen
2 Packungen Vanillinzucker

Küchenutensilien

6 Bügelverschlussflaschen
1 Sieb
1 Mulltuch
1 Topf

Nährwerte

165 kcal
32 g Kohlenhydrate
4 g Fett
1 g Eiweiß

1 Zitronen heiß abwaschen und von der Schale Abrieb erzeugen. Es darf nur der gelbe Anteil abgerieben werden, ansonsten wird es später bitter!

2 Die Schalen landen in 2 der Flaschen. Es wird mit dem Alkohol aufgefüllt und alles zieht etwa 7 Tage luftdicht durch.

3 Mittels Sieb und Mulltuch wird der Flascheninhalt abgeseiht.

4 In einem Topf kochen nun das Wasser mit dem darin aufgelösten Zucker auf. Langsam wird der Zitronenalkohol angegossen. Nach 2 Minuten werden Sahne und Vanillezucker eingerührt.

SANGRIAFRÜCHTE

4 Pers.

15 Min. + 1 Std. Zieh-zeit

Leicht

Zutaten

100 g Zucker
400 ml trockener Rotwein
200 ml Orangensaft
50 ml Cointreau (oder Orangenlikör)
1 Zitrone
1 Grapefruit
1 Orange
1 Apfel
1 Birne
1 Pfirsich
½ Bund Minze
1 Prise Zimt

Küchenutensilien

1 Schüssel

Nährwerte

202 kcal
47 g Kohlenhydrate
1 g Fett
2 g Eiweiß

1 In einer Schüssel Saft und Wein verrühren. Folglich werden Zucker, Cointreau und Zimt hinzugefügt. Der Zucker soll sich in der Flüssigkeit auflösen.

2 Die Zitrusfrüchte werden geschält sowie filetiert. Kern- und Steinobst waschen, nach persönlicher Vorliebe auch schälen und von Stein beziehungsweise Kerngehäuse befreien. Daraus werden Spalten geschnitten.

3 Minze waschen, trocken schütteln und deren Blätter abzupfen. Alles wird der Schüssel beigemengt und zieht etwa 1 Stunde durch.

ZITRONENTARTE

6 Pers. 40 Min. Leicht

Zutaten

320 g Blätterteig (Fertigrolle aus dem Handel)
150 g Himbeeren
120 g Puderzucker
500 ml Wasser
5 Zitronen
4 Eier

Küchenutensilien

1 Pfanne (etwa 24 cm Durchmesser)
1 Metallschüssel
1 Topf
Backofen

Nährwerte

341 kcal
52 g Kohlenhydrate
17 g Fett
9 g Eiweiß

1 Backofen auf 190 °C Ober- / Unterhitze aufheizen. Zitronen heiß abspülen und abtrocknen. Von 2 Zitrusfrüchten wird Schalenabrieb erzeugt.

2 Puderzucker auf der Küchenplatte ausstreuen. Darauf wird der Blätterteig ausgerollt. Auf der Innenfläche landet der Schalenabrieb. Folglich wird der Teig wieder aufgerollt.

3 Der Blätterteig wird nun zu mehreren gleich großen Scheiben von 24 cm Durchmesser verarbeitet. In einer eingefetteten Pfanne werden diese übereinandergelegt und fest angedrückt. Im Ofen backt das Ganze etwa 15 - 18 Minuten.

4 Von den restlichen Zitronen wird ebenfalls Schalenabrieb erzeugt. Dieser landet mit den anschließend ausgepressten Zitrushälften in einer Metallschüssel. Die aufgeschlagenen Eier sowie den übrigen Puderzucker dazugeben.

5 Auf dem Herd wird ein Topf mit Wasser zum Kochen gebracht. Darüber gart die Masse im Wasserbad bei stetem Einsatz des Schneebesens in 8 - 10 Minuten. Die Ei-Masse sollte eindicken.

6 Etwa 5 Minuten vor dem Ende wird der Ofen auf die Grillstufe eingestellt. In den letzten 3 Minuten der Garzeit des Teigs die Masse auf den Boden füllen.

7 Himbeeren vorsichtig waschen, abtupfen und verlesen. Sie dienen der farblichen Garnierung.

ROCKY ROAD

12 Pers.

20 Min. + 1 Std. Kühlzeit

Leicht

Zutaten

300 g Bitterschokolade
300 g Studentenfutter
200 g Butterkekse
4 EL Tahin
2 EL Konfitüre

Küchenutensilien

1 Topf
1 Metallschüssel
1 Standmixer
Backpapier

Nährwerte

381 kcal
37 g Kohlenhydrate
24 g Fett
7 g Eiweiß

1 In einem Topf wird Wasser zum Kochen gebracht. Eine Metallschüssel daraufsetzen und die Schokolade dahinein zerbröseln. Im Wasserbad schmilzt diese. 3 EL Tahin dazugeben und alles gut mischen.

2 Die Kekse sowie die Hälfte des Studentenfutters in einem Standmixer zermahlen. Jetzt landen diese und das restliche Studentenfutter in der Schokoschüssel.

3 Auf dem Backpapier wird die Masse verteilt und eventuell mit frischen Nüssen bestreut. Den letzten EL Tahin sowie die Konfitüre darüberträufeln. Das Ganze kühlt etwa 1 Stunde im Kühlschrank aus.

SEMIFREDDO

12 Pers.

15 Min. + 4 Std. Frostzeit

Mittel

Zutaten

600 g Sahne
200 g Knusperriegel nach Wahl
200 g kandierte Sauerkirschen
100 g Haselnüsse
4 Eier
1 Prise Meersalz

Küchenutensilien

2 Schüsseln
1 Glasform (oder runde Schale)
1 Pfanne
1 Schneebesen
1 Quirl

Nährwerte

435 kcal
25 g Kohlenhydrate
36 g Fett
5 g Eiweiß

1 Die Glasform gehört als Erstes in das Tiefkühlfach. Kirschen fein hacken. Die Müsliriegel fein zerbröseln.

2 In einer Pfanne rösten die Haselnüsse ohne Fett leicht bräunlich und aromatisch an. Folglich werden sie ebenfalls fein gehackt.

3 In zwei Schüsseln werden die Eier getrennt. Das Eiklar wird mit 1 Prise Salz mittels Schneebesen zu Eischnee geschlagen. Jetzt werden die Eigelbe verquirlt und anschließend vorsichtig unter den Eischnee gehoben.

4 In der gesäuberten Schüssel wird nun die Sahne leicht geschlagen. Sie soll sich ziehen lassen, aber nicht steif sein. Die Masse wird der Ei-Masse untergehoben. Alles soll schön fluffig bleiben.

5 Müsliriegelkrümel, Kirschen und Nüsse unterheben und die Masse komplett in die gekühlte Form geben. Sie gefriert etwa 4 Stunden. Tiefgefroren hält sich das Semifreddo 2 Wochen und wird leicht angetaut als Eisalternative serviert.

Wochenplanung als Einstieg

Wochentag	Frühstück	Mittag	Abendessen	Zwischen-durch
Montag	Tomatenbrot	Linsensalat mit Empanadas	Kritharaki-hack	Kräutertaler + Bruschetta
Dienstag	Mediterrane Rühreier	Puten-schnitzel mit Kohlrollen	Frittata mit Ciabatta	Tomatenbrot + Rocky Road
Mittwoch	Bauernsalat	Kartoffelsalat mit Rote-Bete-Bällchen	Schwein in Senfrahm mit Kohlrollen	Empanadas + Überbackene Tomaten
Donnerstag	Joghurt mit Kräutertalern	Steinpilze mit Albandigos	Bratkartoffeln mit Gurken-kuchen	Frittata + Kräutertaler
Freitag	Mittelmeer-sandwich	Korsische Kartoffel-pfanne	Hähnchen-topf	Bruschetta + Florentiner
Samstag	Fruchtiger Spargelsalat	Gedünsteter Fisch	Rubinroter Bulgur mit Albandigos	Florentiner + Cassis-Feigen
Sonntag	Overnight Oats	Rindersteak	Paprikareis	Semifreddo + Crema di Li-moncello